Una Semana Para Despertar

Guía Práctica

para la

Transformación Personal

Dr. Jorge Partida

Este libro está dedicado:

A la memoria de todos mis abuelos – los Partida y los Del Toro.

A mis padres, **Isidro** y **María Partida Del Toro**; me siento agradecido
por todos sus sacrificios,
y lo más importante, por haberlo arriesgado todo para darles a sus hijos
la oportunidad de tener un futuro.

A mis hermanos **Luis** y **Francisco**, pues fueron los hermanos menores
y los primeros en venir a los Estados Unidos. Estoy muy orgulloso de ustedes
y de la clase de padres en que se han convertido.

A **Lidia**, **Carlos** e **Isidro**; espero nunca dejen que la tristeza les impida el camino hacia la grandeza.

Sus vidas son una historia de amor y resistencia, un milagro de la supervivencia y de la perseverancia.

Este libro también está dedicado a todos y cada uno de los que se han sentido desanimados por las circunstancias de sus vidas.

Sepan que el dolor y el sufrimiento que han soportado nunca podrá ser suficientemente fuerte para derrotarlos. El dolor del ayer es el camino a su transformación de hoy.

Tú tienes el poder dentro de ti para poder transformar tu vida y vivir tu promesa.

¡Contempla Esto! Te has convertido en la luz; te has convertido en el sonido; tú eres tu Señor y tu Dios. Tú mismo eres el objeto de tu propia búsqueda: la VOZ inquebrantable que resuena a lo largo de las eternidades, inmutable, exenta del pecado, los siete sonidos en uno, **LA VOZ DEL SILENCIO.**

El Libro de los Preceptos de Oro

Tabla de contenido

Reconocimientos

Introducción

Capítulo 1	Conocer tu Historia
Capítulo 2	Trazar el Camino
Capítulo 3	Día 1: LA CONCIENCIA. Evaluando tu vida
Capítulo 4	Día 2: IDENTIFICACIÓN. Identificar a tus monstruos
Capítulo 5	Día 3: INTERRUPCIÓN. Modificar el disco duro
Capítulo 6	Día 4: INCORPORACIÓN. Entrar en acción
Capítulo 7	Día 5: LIBERACIÓN. Aprender a perdonar... y en efecto, a DEJAR IR
Capítulo 8	Día 6: EVALUACIÓN. Medir tu progreso

Capítulo 9	Día 7: GRATITUD. Recompensar y celebrar tus logros
Capítulo 10	DESPERTAR SIN LÍMITES. Tu despertar representa el surgimiento del Quinto Sol
Apéndice	Afirmaciones adicionales de la ***Promesa del Quinto Sol***

Reconocimientos

Deseo expresar mi agradecimiento más profundo y sincero a **Da'Mon Vann,** quien durante años ha sido una fuente sólida y consistente de apoyo para este libro y para mi primer libro, *La Promesa del Quinto Sol*. Gracias por su valiosa contribución, sus puntos de vista y su ánimo. Me ha enseñado mucho sobre el amor, la amistad y todo lo que es bueno en la vida. Las palabras no pueden expresar lo profundo de mi gratitud.

Gracias a **Sven Erlandson,** quien ha dedicado muchas largas horas a la edición de este libro y quien me ha ofrecido su amistad y su fortaleza.

Deseo asimismo dar gracias a **Harini Riana** por su amistad y su disposición a siempre decir "sí".

Gracias también a **Nora Oranday** por su inmediata y entusiasta disposición para traducir este libro al idoma Castellano.

Todos ustedes son mi familia y mi apoyo. Los aprecio y los quiero con todo mi corazon.

Introducción

¿A veces sientes como si anduvieras por la vida la mayor parte del tiempo dormido? ¿Tienes un innegable sentido de que algo grande está dentro de ti, pero el peso de tu dolor, las responsabilidades, los miedos y el sufrimiento no te permiten acceso a tu poder? Para muchas personas, la vida se ha convertido en monotonía, una experiencia que toleran en vez de disfrutarla.

Somos atrapados por las malas noticias, por la economía fracasada y por la constante amenaza de aniquilación. Pareciera que, no importando lo que hagamos, sentimos que no podemos encontrar nuestro éxito o al menos un significado y propósito en la vida. Nos concentramos en los problemas que experimentamos al intentar tener éxito, en hacer que las cosas sucedan, en la búsqueda de la felicidad o en encontrar el amor verdadero. Muchas personas han aprendido a vivir sus vidas como si el mundo estuviera siempre tratando de mantenerlas suprimidas en un estado constante de temor. Viven con la terrible sensación de que algo está constantemente mal. Por lo mismo, están en la búsqueda constante, corriendo y tratando de asirse a una sensación de seguridad.

Todos nosotros somos influenciados e impactados por tanta información que viaja a través de las ondas de radio y del internet. Nuestro cerebro puede procesar la información muy rápidamente, pero no puede procesarla más rápidamente que el ritmo de estimulación que provoca la información que se emite al aire. La política, la religión y la cultura *pop* son plataformas que compiten por captar nuestra atención, exigiendo que suspendamos el pensamiento crítico y aceptemos la irracionalidad de la que somos testigos. Pronto parecerá imposible distinguir el sonido de nuestra propia voz del ruido y la estática que roban nuestra atención y alimentan nuestra necesidad de consumo constante. Hemos llegado a creer que no tenemos el poder y que somos incapaces de transformarnos a nosotros mismos, por no mencionar el mundo que nos rodea.

Cambiar nuestros patrones

Siempre debemos tratar de mantenernos despiertos y de ser pensadores críticos. El pensamiento crítico a veces significa tener que nadar contra la corriente. No es extraño que a veces nos demos por vencidos. Parece mucho más fácil seguir simplemente a alguien que nos dice qué pensar y hacia dónde ir. Muchas personas prefieren ser dirigidas, aun cuando muy seguido los mensajes que consumimos están llenos de miedo, carencia y limitación. Si no estamos atentos y despiertos, empezamos a creer que nuestras vidas son realmente miserables y restringidas. Podemos llegar a tener tanto miedo a los cambios que cualquier idea que altere nuestra zona de confort se convierte en una amenaza potencial. Por lo tanto, seguimos viviendo una vida limitada, con miedo de cambiar y con miedo de ser los seres magníficos que estamos destinados a ser.

En un momento u otro de nuestras vidas, todos hemos sentido miedo al cambio. Algunos de nosotros tenemos más miedo que otros, pero todos hemos sido dominados por el miedo. Esta sensación de miedo es el motor que impulsa nuestro "ego", que es nuestro sentido de individualidad y separación. Tememos a la muerte porque la vemos como una pérdida de nuestra singularidad e individualidad. Sin embargo, no podemos negar que el cambio es una verdad universal y una fuerza constante de la vida. El cambio es el lenguaje de la evolución, y esta evolución ocurre más rápidamente en momentos cuando un viejo ciclo o paradigma comienza a desmoronarse, mientras emerge un nuevo orden.

Vivimos transformaciones radicales en nuestra economía, política, medio ambiente, tecnología y religión. Vivimos en la era más grande y más potente de cambio y transición. Los cambios con los que nos enfrentamos parecen muy alarmantes y nos dejan con una sensación de incertidumbre y ansiedad. Para apreciar el rápido ritmo de cambio que está sucediendo, todo lo que necesitamos hacer es mirar a nuestro alrededor. La evidencia de este cambio de conciencia está en todas partes.

Como psicólogo con experiencia pública y privada, he tenido el privilegio de estar en la televisión y la radio de las comunidades latinas de California, Chicago, México, Miami y Sudamérica. He trabajado en África, Europa y América Latina. En los muchos años de mi trabajo clínico, he visto surgir un patrón muy definido en la vida no sólo de mis clientes, sino también de comunidades enteras. Muchas personas se han quedado dormidas. Viven con miedo y están insatisfechas con sus vidas, y no están seguras de qué hacer para realizar cambios. Ellas van por la vida como si anduvieran en piloto automático, incapaces de ver la alegría infinita y las posibilidades que constantemente se despliegan frente a ellas mismas.

    Sus vidas se han convertido en pesadillas oscuras e interminables, llenas de resentimientos, responsabilidades sin fin y decepciones. Estas fuerzas oscuras tienen la tendencia de hacernos sentir presionados y pueden parecer contundentes. Hay bastantes voces críticas y presiones a las que respondemos; éstas pueden comenzar cuando somos jóvenes y durar hasta que envejecemos. Pero eso no tiene que ser así. Podemos tener el coraje de reconocer, enfrentar y eliminar las influencias negativas, y sustituirlas por pensamientos y creencias positivas sobre nosotros mismos y sobre la vida misma.

Lo he visto en mi propia vida. Muy seguido me han dicho otras personas lo que podía y no podía hacer. Rara vez, sin embargo, he permitido que estas opiniones limiten mi esfuerzo continuo y mi impulso para seguir moviéndome en la dirección del camino que me he trazado. Desde la infancia, aprendí que yo era un pecador, un criminal, un migrante "ilegal" sin herencia y sin futuro. En la escuela, los profesores siempre quisieron predecir mi destino. En la primaria, fui calificado de "levemente retrasado mental", sólo porque no hablaba inglés. Antes de graduarme de la secundaria, el consejero de la carrera dijo que únicamente sería capaz de aspirar a ser no más que un mecánico (lo que por cierto es un oficio honorable, pero el consejero trató de usarlo como un insulto, como una manera de decir que no era lo suficientemente inteligente y tenía un potencial limitado). Después de graduarme de la universidad, un profesor me dijo que no tenía el intelecto o el rigor académico para completar un grado académico. Cuando yo era la cabeza de un programa de doctorado en una universidad, me dijeron que mi programa no sería acreditado y que nunca sería publicado.

Mi punto es simplemente éste: *puedes confrontar cualquier opinión que trate de limitar tu propio valor y cualquier voz crítica que trate de destruirlo en lugar de construirlo, y puedes hacerle frente a todo aquel que limita tu propio valor. Para estar realmente vivo, realmente DESPIERTO, realmente feliz, debes valorarte, amarte por lo que eres y proteger tu espíritu como un jardinero; así como el jardinero protege las plantas jóvenes de los elementos que puedan dañar sus capullos.*

¡DESPIERTA!

Si te sientes atrapado, herido o asustado, estás experimentando un obstáculo a tu pleno despertar. Con un poco de trabajo, estos obstáculos pueden eliminarse y tendrás todo lo necesario para despertar al potencial infinito que es tu vida. Yo lo sé por experiencia. Lo he visto. He ayudado a muchas personas a llegar a un punto en el que se han atrevido a cruzar el umbral hacia el DESPERTAR de su vida. Tu nueva vida te espera si estás dispuesto a empezar el viaje.

Entender la fuerza y la fuente de la autoconciencia ha sido el interés principal de nuestra condición humana desde el comienzo de la Historia registrada hasta el momento actual. La capacidad de pensar y razonar es lo que más define nuestra condición y diferencia a los seres humanos de cualquier otra especie. Las tribus autóctonas Nican-Tlaca son grupos de indígenas de las civilizaciones que habitaron las tierras que hoy llamamos las Américas, que estudiaron la fuerza invisible de la creación. Copiaron los movimientos de las estrellas y las constelaciones y reprodujeron sus patrones en la Tierra en forma de pirámides y grandes ciudades para que todos pudieran vivir rodeados del movimiento celeste y el ritmo de la creación. Ellos creían que la vida es conciencia eterna que siempre está en expansión. Nuestros antepasados consideraban que la vida era infinita y una expresión diversa poblada por seres divinos consagrados. Nos enseñaron que las personas no mueren. Todos evolucionamos hacia una forma superior de conciencia. Todos nosotros estamos en esta tierra como pasajeros en un viaje de autodescubrimiento.

Aunque para algunos el viaje puede ser alegre y fácil, para otros puede parecer doloroso, peligroso y muy largo. Nuestras almas individuales están en la tierra, recogiendo pruebas y experiencias que se puedan utilizar para el viaje de autorrealización y de transformación. Todos
estamos marchando en la misma dirección, siempre

evolucionando más hacia la perfección. En última instancia y en su momento, todos vamos a llegar a nuestro destino final y nos verteremos como gotas de agua en el vasto océano de lo infinito y eterno, el corazón ilimitado de nuestro CREADOR.

El pensamiento humano y la conciencia representan un campo infinito y en constante desarrollo de creación y percepción que, como el universo que habitamos, está siempre expandiéndose en diferentes direcciones. Tu realidad está compuesta enteramente de tus pensamientos, recuerdos y percepciones. Tus recuerdos y experiencias se proyectan hacia el exterior y se convierten en la realidad que ves. Sin embargo, a veces, tus reacciones ante el mundo y la gente pueden llegar a llenarse de duda, de miedo y de la rigidez de la constante repetición. Cuando esto sucede, no siempre puedes ser capaz de mantener una atención alerta y despierta ante todo lo se te está revelando. La atracción del pasado y la incertidumbre sobre el futuro pueden hacer que te sientas como si estuvieras constantemente mirando hacia atrás o hacia adelante, con ansiedad, por temor a lo que pueda puede suceder.

    Por más de veinticinco mil años, nuestros antepasados recopilaron sus enseñanzas y cuidadosamente transmitieron sus conocimientos de una generación a la siguiente. Desafortunadamente, la mayoría de sus libros y textos fueron destruidos a la llegada de los conquistadores al Nuevo Mundo. La rica herencia y las enseñanzas del Nican-Tlaca representan la mayoría de las antiguas enseñanzas realmente americanas que tenemos. Estas enseñanzas son también una parte del inconsciente colectivo de cada persona en la tierra. Por lo tanto, el legado de los curanderos, científicos, sacerdotes y guerreros todavía sobrevive y se transmite oralmente de una generación a otra. Este rico campo de conocimiento pertenece a todos por igual, ya que todos somos hijos e hijas del mismo Creador.

A pesar de no tener ya acceso a la infinidad de libros que se escribieron, todavía tenemos acceso al núcleo central de las enseñanzas ancestrales. Nuestros antepasados nos enseñaron que la fuente más confiable de conocimiento es lo que llamamos "conocimiento intuitivo", y la fuente de este conocimiento se puede encontrar directamente en tu interior. En el centro de tu ser, está la voz de tu intuición. Esta es la voz de tu ser superior, tratando de guiarte y de usarte como vehículo de la expresión divina. Esta guía de inteligencia y amor siempre está presente. No importa lo que haya ocurrido en tu vida, o la cantidad de sufrimiento que has soportado, de todos modos puedes acceder a esta fuente infinita de sabiduría y poder.

Dentro de este libro hay un poderoso mensaje que ha sobrevivido durante miles de años. Ha resistido la prueba del tiempo. La sabiduría, el poder y la gracia del pasado se pueden convertir en tu ancla mientras vas navegando y explorando el arte antiguo del despertar. Este libro te mostrará cómo se puede emplear la curación misma y las prácticas transformadoras del despertar utilizadas desde la antigüedad. Si aplicas estas simples prácticas consistentemente, descubrirás tu propio camino. Aprenderás a aprovechar el poder infinito de tu mente. Vas a encontrar el significado que buscas y te unirás a tu *tonalli* -tu "potencial de vida", en palabras de nuestros antepasados– al gran misterio de la creación. Al igual que nuestros antepasados, tú puedes aprender a comprender los ciclos de la vida y descubrir los grandes misterios. Si aprendes a liberar y cultivar la semilla de la creación, puedes hacer que cualquier cosa suceda en tu propia vida.

Para DESPERTAR tienes que estar dispuesto a dejar de lado la idea que una vez tuviste de quién y qué eras. Este dejar ir puede ser difícil y desconcertante. De hecho, las personas que han sufrido mucho tienen problemas para desprenderse de su antigua identidad una vez que reconocen que tienen que cambiar su percepción de lo que pensaban que eran. Muchas personas prefieren mantenerse en una noción limitada de la realidad, ya que la realidad ofrece una sensación de seguridad, incluso si esa sensación de seguridad es falsa. Aunque muchas personas dicen que quieren ser felices, también quieren el confort de lo familiar del pasado, y no las incertidumbres que vienen con el cambio. El programa descrito en este libro funcionará para ti, pero debes permanecer abierto al cambio y a lo que éste revela en la medida en que vas trabajando el plan. A veces estas revelaciones serán difíciles de procesar, pero ¡Ten valor!

No puedes ser una mejor persona sin enfrentar los pensamientos, acciones y comportamientos que contribuyeron a tu dolor y a tu sufrimiento. Al mantenerte abierto a todo lo que se revela ante ti, las revelaciones te golpearán. Sin embargo, a medida que vas aprendiendo a adaptarte a la verdad revelada, encontrarás que poco a poco irás descubriendo las capas de tu ser verdadero. Cuanto más te familiarices con este ser superior, más te convencerás de que eres capaz de hacer más grandes cosas de las que nunca has imaginado. A medida que vayas avanzando, mantente abierto para observar cosas que nunca hubieses considerado y mantente abierto para enfrentar tus mayores temores.

Hay tres pasos que se requieren para estar con mente abierta:

1. Mantén una actitud abierta y receptiva.
2. Disponte a dejar cualquier cosa que te tenga sujeto al pasado y a la necesidad de ver la realidad sólo de acuerdo a tus expectativas.
3. 3. Está dispuesto a adoptar la actitud de curiosidad propia de un explorador o pensador crítico.

Si sigues estas sencillas recomendaciones para estar con la mente abierta, descubrirás que este libro te llevará a nuevas alturas de autoconciencia, así como a una mayor alegría y poder. Empezarás a vivir una vida guiada por un propósito y una realización personal. Con este libro podrás moverte en el campo del saber y en la vida que estás destinado a vivir.

Recuerda Esto:

La Mente Infinita te dio el aliento de vida. Nunca ha habido alguien como tú y nunca lo habrá. Estás en este particular espacio y tiempo para contribuir con tu sabiduría, tu poder, tu fuerza, tu unicidad y tu verdad. El mundo espera tu importante contribución. ¿Cómo contribuirás? Para contribuir con algo nuevo tendrás que DESPERTAR a tu individualidad. Tendrás qué descubrir tu SER verdadero y reconocer que ha estado esperando pacientemente, muy dentro de ti para poder florecer. Tu tiempo es hoy. Éste es el tiempo de reclamar tu promesa ancestral y DESPERTAR a la luz del nuevo sol, a la nueva conciencia de ti mismo como la divina creación y como un co-creador.

1

Conocer tu Historia

*"Aprende a agradecer las caídas de la vida.
Si el camino fuera siempre parejo,
no te serviría para crecer."**

...Abuela Lidia

La última vez que dormí profundamente fue cuando tenía siete años. Mis hábitos de dormir cambiaron para siempre una muy fría noche de diciembre en 1974. Había estado durmiendo en mi habitación, pero comencé a moverme sin descanso tratando de salir de una pesadilla. Me esforcé por abrir mis ojos y traté de gritar para poder despertarme, pero no podía salir de la pesadilla, hasta que sentí que mi abuela Lidia me sacudía y en una voz muy baja me decía al oído, "¡Despierta! ¡Despierta!"

Me senté con la espalda recta en la cama. La habitación se consumía en la oscuridad, y me quise asegurar que sólo era una pesadilla, y que no pasaba nada malo en la vida real.

Mi abuela Lidia se había mudado hacía más de un año a los Estados Unidos para vivir con su esposo e hijos. Todavía estaba muy conectado con ella de formas muy poderosas. Además de recibir sus frecuentes cartas con billetes de dólares envueltos en el papel de aluminio de sus paquetes de cigarrillos vacíos, mi abuela Lidia frecuentemente me visitaba en mis sueños. Ella incluso me despertaba de las pesadillas, al igual que lo había hecho esa temprana mañana.

Me puse las manos en el pecho y sentí que mi corazón latía muy rápidamente, pero los temores de mi pesadilla rápidamente dieron paso a algo peor al oír el arrastrar de pies y los murmullos que venían de nuestra sala de estar. ¡Creí que nos habían robado!

Tratando de evitar que mi corazón estallara dentro de mi pecho, busqué en la oscuridad algo que pudiera usar para defenderme y sólo encontré mi libro de historia de primer grado. Me dirigí a la puerta y la abrí sólo un poco, haciendo que la luz proveniente de la sala se extendiera en el cuarto oscuro. Mirando a través de la puerta, mis ojos comenzaron a adaptarse al cambio de luz. A pesar de que podía ver hacia la sala, no podía entender lo que estaba sucediendo.

Como piezas de un rompecabezas surrealista, las imágenes vinieron a mi mente sin tener un un sentido lógico. Había maletas descansando en el piso de cerámica. Mis abuelos maternos, mis tías Luz María y Virginia estaban llorando en silencio, pero tal vez lo más inquietante fue ver a mi padre llorar.

¡Qué extraño!, pensé. *¿Por qué está llorando mi papá?* Enseguida el libro de historia que sostenía sobre mi cabeza cayó ruidosamente, al tiempo que las piezas del rompecabezas caían en su lugar. Sin embargo, parecía que mi cerebro se resistía aceptar lo que mi instinto percibió. El temor se apoderó de mi cuerpo, y mi corazón se hundió dentro de mi estómago enfermo. Me di cuenta de repente que mis padres se iban y no pensaban decirnos adiós o llevarnos con ellos.

Mi mamá y mi papá estaban escabulléndose como criminales en la oscuridad de aquella mañana fría de diciembre. Grité lo más fuerte que pude, perforando la quietud de la casa. Me sentí como si me estuvieran arrancando la carne de mis huesos. Grité de puro terror y protesté al tiempo que corría hacia la sala. De repente me detuvo mi tía, sin importar que mis chillidos fueran más fuertes. Mis gritos despertaron a los otros niños – mis hermanos y hermanas - quienes vinieron corriendo a agarrar a mi mamá y a mi papá, pidiendo a gritos que también se los llevaran con ellos.

Mamá se quedó inmóvil mientras sus ojos se cruzaban con los míos. Todavía puedo verla. Una imagen que nunca ha salido de mi mente. Nunca. En un brazo, llevaba a mi hermano recién nacido, Luis, que estaba cubierto de mantas de pies a cabeza. Sus lágrimas caían sobre su pequeña carita, ocasionando que llorara como si tuviera miedo de ahogarse. Parado como un pequeño soldado asustado a su lado, mi hermano Francisco, quien tenía un año y medio de edad, apretó con su mano los dedos de mi madre. Tenía los ojos abiertos, lleno de miedo y confusión. Mi madre y mi padre se iban a los Estados Unidos y se estaban llevando a los dos menores de sus seis hijos. Yo, el más grande, me estaba quedando con los otros tres, junto con mi hermana Lidia y mis hermanos Carlos y Chilo. Seríamos separados, no sólo de mi madre y padre y los dos hermanos menores, sino también de cada uno de nosotros. Los cuatro que quedaban serían enviados a vivir con un familiar diferente.

¡Yo sólo tenía siete años!

"¡No miren atrás! Sus hijos estarán bien. Váyanse ahora, para que puedan llegar a tiempo a la frontera", gritó mi abuelo Chemo mientras yo pateaba y gritaba en señal de protesta, tratando de liberarme del firme apretón con el que mi tía me tenía estrujados los brazos. Luché hasta que pude soltarme, y corrí hacia el *Camaro* rojo que salió a toda prisa. Perseguí el coche con tanta velocidad como me lo permitieron las piernas.

No sirvió de nada.

El *Camaro* desapareció tras una nube de polvo y yo caí al suelo, gimiendo. Desolado. Allí mismo, en el suelo, mientras las piedras del pavimento se incrustaban en mis manos, sentí que toda mi vida se había despedazado. Así de fácil, mis padres y dos hermanos menores se habían ido. La energía y el espíritu de mi abuela Lidia me había despertado para ver con mis propios ojos el más grande horror de un niño, la pérdida de sus padres. Yo siempre tendría dibujada en mi memoria la última imagen final de mis padres al irse a otro país, mientras mi mundo se acababa.

De niño, nunca volvería a ver a mis padres en tierra mexicana.

Gritos de desesperados salían de los cuatro que nos quedábamos, mientras luchábamos por entender el porqué habíamos sido abandonados por nuestros padres. Pero antes de que siquiera pudiéramos consolarnos unos a los otros, nos separaron de inmediato. A mí me llevaron a vivir con mi tía Virginia, en los suburbios de Guadalajara. Mi hermana Lidia y mi hermano Carlos se quedaron con mi abuela materna, Juana. Mi hermano Chilo fue llevado a vivir con la hermana mayor de mi madre, María Luz.

Las esperanzas de un niño abandonado

Yo viví con mi tía Virginia y mi tío Víctor por casi dos años, separado de mis padres y hermanos. Durante ese tiempo, mi madre me escribió casi todas las semanas. Llegué a vivir esperando esas cartas llenas amor real, esperanzas y la promesa de algún día volver a reunirnos una vez más como familia. Yo leía las cartas una y otra vez, poniéndomelas en la nariz, tratando de captar el más mínimo aroma de perfume de mi madre comprobando así que ella había tenido ese papel en sus propias manos.

Cerraba los ojos para imaginarme a mis padres y dos hermanos menores viviendo en la famosa tierra de los sueños: Estados Unidos. Una vez, en una de las cartas que esperaba con tanta ilusión, recibí una foto de mi padre, guapo y orgulloso, parado como un soldado con las manos rectas a los lados. Mi madre estaba de pie, en medio de mis dos hermanos pequeños. Luis, que ahora caminaba, tenía un caballo de plástico en sus manos y Francisco miraba directo al frente con sus ojos oscuros y grandes. Yo llevaba esa foto a dondequiera que iba. Esa imagen fue mi conexión con mi familia y con la tierra prometida del Norte. El tiempo que viví con mi tía Virginia fue muy difícil. Ella se había casado recientemente con mi tío Víctor y estaba embarazada de su primer hijo. Se comprende que estaba haciendo su nido y quería tener un pequeño departamento de una habitación para ella y su familia. Una noche escuché a mi tía llorando y quejándose de que yo vivía con ellos. Me sentí tan despreciado. Al día siguiente, decidí que me iba a ir de la casa, viajando hacia el Norte para encontrar a mis padres. Falté a la escuela, encontré la vieja Central Camionera y me fui en uno de los autobuses *Tres Estrellas* que iban por carretera a Cuidad Juárez. El conductor del autobús estaba ocupado comiendo su torta lejos del vehículo. La puerta del camión estaba abierta. Me subí al autobús y me hice bola bajo los últimos asientos de la parte trasera.

Podía oír a la gente que iba subiendo al camión. El conductor y el inspector subieron también y el autobús salió lentamente de la estación. Guadalajara se quedó envuelta en una nube de gases de combustión de automóviles y de recuerdos. Me quedé inmóvil, enroscado por más de una hora y media, hasta que sentí que estábamos lo suficientemente lejos para poder salir. Poco a poco me asomé y comencé a salir de abajo de los asientos. Un par de personas que estaban sentados cerca de mí se me quedaron viendo, pero nadie dijo nada. Sonreí y me senté en un asiento vacío.

El autobús se detuvo a media carretera y una pareja se subió. Se sentaron en la parte trasera del autobús, al lado de donde yo estaba sentado. El inspector de boletos fue a cobrarles sus asientos incluyéndome en el precio.

"Dos adultos y un niño", dijo el inspector.

"Él no está con nosotros", protestó el viajero.

El inspector me miró con una mueca de enojo en su cara. "¿Dónde está tu boleto, mocoso? ". Yo no dije nada, sólo me encogí de hombros. El inspector caminó al frente del autobús y le dijo algo al conductor.

"Me lleva la ...", gritó el conductor a la vez que paraba el camión en una carretera abandonada y que era de un solo carril. Me interrogó exigiendo saber quién era yo, dónde vivía, y a dónde iba. Yo le respondí con honestidad, y vi cómo el conductor se tallaba la cara con las manos mientras trataba de entender mis respuestas.

Poca gente tenía teléfonos en ese entonces. Sin embargo, el conductor del autobús me preguntó en qué calle vivía mi abuela; de alguna manera pudo llamar a la tienda de abarrotes que quedaba en la calle donde mi abuela vivía. Esperamos en la carretera hasta que otro autobús llegó y nos llevó de vuelta a la estación antigua. El inspector fue suficientemente amable y me dejó de regreso en casa.

La abuela Juana se enojó y me dio un fuerte regaño. Estaba muy molesta porque, en lugar de ser un ejemplo para mis hermanos, yo le estaba causando vergüenza a la familia. Con desprecio, me dijo: "Tus padres están en los Estados Unidos trabajando duro para poder ser capaces de enviar por ti para que te vayas con ellos, ¿y así es como te portas?"

No me importaba. Yo no quería estar lejos de mi familia nunca más. Le grité a la abuela Juana y le dije que seguiría escapándome hasta encontrar a mis padres. Frustrada y al final harta, mi abuela se comunicó con mis padres y les contó sobre mis aventuras tratando de encontrar la forma de reunirme con ellos, y lo más importante, les dijo que eso no lo iba a tolerar... Yo quería que mis padres se dieran cuenta de que no tenían más remedio que enviar por mí tan pronto como fuera posible. Al final, lo logré. Poco tiempo después, mi tío Lalo, el hermano menor de mi madre, decidió acompañarme en mi camino al Norte.

El largo Viaje Solo

Mi tío Lalo y yo íbamos juntos en el autobús a Ciudad Juárez, en la frontera de México con Texas. Pasamos una noche juntos en un motel barato. Esa noche tuve un sueño terrible en el que unos hombres vestidos con uniformes de color verde (la "Migra") tumbaban la puerta con ametralladoras, matándonos a mi tío y a mí mientras estábamos dormidos. Me desperté con un sudor frío al escuchar puñetazos contra la puerta.

Una anciana con el pelo castaño claro y los dientes amarillos se presentó, extendiendo su mano venosa y seca. "Yo soy tu abuela, huerco", dijo, guiñándome un ojo. Miré a mi tío, que me pedía que fuera con ella.

"Vamos por caminos separados ahora", dijo mi tío. "Tú vete con ella, y yo me voy por mi cuenta. "Mi tío tenía sólo veintiún años, era joven, poco emotivo, brusco y decidido a cruzar la frontera sin que yo le estorbara.

Tomé la mano de mi "falsa" abuela, quien me llevó por las calles desconocidas de Ciudad Juárez. Mi corazón latía contra mi pecho con miedo. Me sentí como un ratón expuesto en un campo abierto, esperando el descenso de los halcones. Me preguntaba si mi pesadilla la noche anterior había sido una premonición, mirando a mi alrededor en busca de señales de hombres vestidos de verde cargando ametralladoras. Yo quería desaparecer. Quería esfumarme para siempre y sentí bastante alivio cuando por fin entramos a la oscuridad de una cantina grande que olía a cerveza caliente y a vómito.

    A pesar de que era temprano en la mañana, varios hombres ya estaban sentados en bancas fumando y bebiendo. La anciana me levantó y me sentó en un banco vacío de la barra antes de desaparecer detrás de unas cortinas rojas que quedaban en la parte trasera de la cantina. Se fue y parecía que no iba a regresar.

    Esperé pacientemente, meciéndome hacia atrás y adelante en el asiento de la barra mientras agachaba la mirada hacia mis zapatos. Mi miedo crecía cada minuto que pasaba desde que la señora había desaparecido. Después de lo que pareció una eternidad, me levanté del banco para ir a buscarla, cuando un hombre viejo que estaba a mi lado se me acercó y me jaló del brazo para que yo no me pudiera parar.

    "No te preocupes", dijo el viejo, haciendo todo lo posible para parecer serio y preocupado. "Estás a salvo conmigo". Antes que fuera demasiado tarde, miró a su alrededor y de repente me dijo: "Es hora de que nos vayamos ahora. Te voy a llevar al Norte para que veas a tus padres". Tomé su mano grande y seca y nos fuimos caminando por calles amplias y desconocidas. Cada paso que daba fuera de la cantina, me hacía sentir más y más atemorizado hasta el punto en que cada célula de mi cuerpo me decía que me estaba moviendo en la dirección equivocada. ¡Tenía terror!

No habíamos caminado más que una cuadra de distancia, cuando oí a alguien gritando detrás de nosotros. Era mi dizque abuela corriendo hacia nosotros. Parecía asustada y enojada al mismo tiempo.

"¿Que te estás creyendo viejo borracho?", gritó. Me jaló hacia ella y me regañó, y me dijo que no hablara con nadie más que con ella, y que me mantuviera alejado de los demás. Me di cuenta entonces que casi había sido secuestrado por un hombre viejo, borracho, y que el personaje dudoso que conocí como mi falsa abuela, me había salvado la vida. Me sentí con ganas de abrazarla y de darle las gracias. Al mismo tiempo, sentí tanto miedo darme cuenta que el viejo planeaba llevarme con él y me hubiera hecho desaparecer, posiblemente para siempre. Yo podría haber sido atacado y dado por muerto, me dije a mí mismo. Me quedé pensando en mi madre y el dolor que sentiría si eso hubiera pasado.

Mi supuesta abuela me llevó a su pequeño apartamento y esperó hasta el atardecer. El tiempo que estuve en su casa, ensayamos lo que tenía que decir en el caso de que fuéramos detenidos por agentes de inmigración al cruzar la frontera. Mi abuela me estaba enseñando falsas respuestas a las preguntas que me podían hacer: "¿Cómo te llamas? ¿A dónde vas? ¿Quién es esta mujer que está contigo? "

Luego, llegó el momento de cruzar. Mi "abuela" me dijo que tenía mucha suerte de estar cruzando con ella y no tener que cruzar el río como mis otros amigos "espaldas mojadas". Me mostró la parte trasera de su coche. Me subí y ella me cubrió completamente con una manta para que sólo se viera mi cabello.

"Sólo haz como que estás dormido y no hagas nada de ruido. No hables. Si alguien habla contigo, responde sólo en el inglés que te he enseñado. Diles que estás cansado y que yo soy tu abuela ", me instruyó.

El coche continuó sobre un puente metálico hasta detenerse lentamente en un "Alto". Siguió lentamente hasta detenerse. Pude oír la voz de un hombre hablando con mi supuesta abuela en inglés. A pesar de que estaba bajo la cobija, podía pude ver la luz de una linterna que alumbraba el coche. Intercambiaron unas palabras más en voz baja. Y después... todo era silencio.

El coche empezó a moverse de nuevo, al principio muy lento y luego con más velocidad. Yo tenía nueve años y pude comprender que acababa de cruzar a los Estados Unidos y estaba más cerca de mis padres. No podía pensar en otra cosa más que en que los iba a volver a ver muy pronto. Viajamos por alrededor de una hora y paramos en un viejo camino de terracería.

Poco después un automóvil se detuvo junto a nosotros. Una mujer bonita miró dentro del coche y me saludó por mi nombre, diciendo que mi madre había sido su madrina de boda. ¡Era alguien que conocía a mis padres!

El coche estaba lleno de gente, y me pidieron que subiera. Mi "abuela" me hizo señas de que me fuera con ellos. "Ellos te llevarán con tu madre y con tu padre", dijo con mucha naturalidad. Quise abrazarla, pero ya se había ido. Me asomé en el asiento trasero del coche y no encontré lugar para sentarme. La ahijada de mi mama vio que no había lugar para mí y me pidió que fuera con ella.

"Ven, puedes sentarte en mis piernas", ofreció muy amablemente.

Me subí al coche y conté siete adultos en el automóvil mediano. Tres se sentaron en el asiento delantero y cuatro atrás, incluyendo a doña Castellanos, la madrina fuerte y generosa que me dejó que me sentara en su regazo todo el camino desde la frontera hasta Aurora, Illinois, un suburbio de Chicago, donde vivían mis padres. Continuamos casi sin parar durante más de veinticuatro horas, deteniéndonos sólo para cargar gasolina en las más solas y remotas estaciones de servicio que estaban en el camino.

El viaje en coche era extrañamente silencioso. Estoy seguro de que mis compañeros de viaje que en su mayoría eran hombres, estaban pensando en las familias, esposas e hijos que dejaban atrás en México al arriesgar sus vidas en una tierra nueva y desconocida. De vez en cuando mi tío Sam, nuestro conductor, gritaba sus instrucciones. "Vamos a parar en unas tres horas", me acuerdo que decía. "Voy a ser la única persona que puede salir del coche. Ustedes pueden utilizar el baño sólo donde yo diga que es seguro hacerlo. No usen el baño en cualquier lugar que nos detengamos por gasolina o comida".

Como una alarma sonando en mi cabeza, instantáneamente sentí urgencia de orinar. Al principio, me mordí la lengua, con miedo a ser regañado por el tío Sam. Pero empecé a sentir en mis brazos escalofríos que subían y bajaban y tenía que decir algo. "Tengo que ir al baño", dije, apenas lo suficientemente fuerte para que el tío Sam me escuchara.

"¡Me lleva la ....! Bueno, niño, en este momento no es posible. Te vas a tener que aguantar un rato, tres horas más o menos ", respondió en español.

"¡De ninguna manera!" Me dije a mí mismo, a la vez que empecé a sentir pánico. Me moví incómodamente sobre las piernas de doña Castellanos.

Detectando mi urgencia, la señora Castellanos suavemente colocó su mano en mi espalda y me dijo: "Esta bien, hijo. Haz lo que tengas que hacer. "

Traté de calmar las ganas que tenía de ir al baño, hasta que fui incapaz de tolerar la presión en la vejiga y los escalofríos extremos que se multiplicaron por todo mi cuerpo. Las primeras gotas de orina fueron absorbidas rápidamente por mi pantalón. Pero no pude detener el flujo posterior que corrió por toda mi pierna y sobre las de doña Castellanos. Me quedé quieto, bajé la cabeza, viendo hacia abajo con vergüenza la orina que se salió por la pierna de mi pantalón y formó un pequeño charco entre mis pies. Me sentí muy pequeño y vulnerable. Doña Castellanos simplemente dijo: "Está bien, m'hijo. No tienes por qué avergonzarte".

Mientras viajábamos más hacia el Norte, y entrábamos a Illinois, el clima de diciembre se volvía insoportable. Nunca había sentido tanto frío. A pesar de que el calentador estaba puesto lo más alto posible, una corriente de aire frío entraba a través del viejo coche, pegando tan fuertemente que mis dedos se habían entumecido.

El tío Sam anunció que íbamos a llegar tarde en la noche de *Nochebuena*. Comenzó a hablar más, como si nos preparaba para recibir el impacto de entrar al nuevo mundo del Norte, el lugar donde todos los sueños se hacen realidad; la tierra de leche y miel, donde el dinero se barre con una escoba. Mi corazón latía rápida y fuertemente contra mi pecho mientras imaginaba la cara de mi mamá y papá. ¿Me iban a reconocer? ¿Iba a poder reconocer a mis hermanos pequeños, Luis y Pico? Las instrucciones del tío Sam se hicieron más frecuentes con cada milla que conducía, y yo sabía que íbamos a llegar pronto.

"Vamos a estar en Aurora en cuatro horas", dijo. Luego anunció cuando ya faltaban tres horas, luego dos, luego, "Estamos en las afueras de Aurora." Tan pronto como el tío Sam hizo el anuncio... ¡Empezó a nevar! Yo nunca había visto nieve en mi vida. Mi única experiencia había sido comiendo hielo raspado en conos de papel llenos de jarabes de fruta. Fue algo mágico. Éste era realmente un nuevo territorio.

De repente, sin un anuncio oficial ni fanfarria, el coche se encaminó a la entrada de tierra de una casa de madera gigante y gris, de dos pisos. Era algo diferente que jamás había visto antes.

Uno por uno, salimos del coche, nerviosos e inseguros, tratando de recuperar la fuerza en las piernas. Me sentí como si estuviera aprendiendo a caminar de nuevo. El aire de la noche era frío y dulce, con nieve blanca cayendo en copos grandes. Justo cuando estaba recuperando cierto sentido de control sobre mis piernas, una mujer grande con una cara amable y lentes negros, salió a recibirnos. Yo nunca la había visto antes, pero más tarde supe que era mi tía Ana.

Con cada paso que daba, objetos y personas se desenfocaban de mi vista mientras yo seguía buscando a mi madre. Me llevaron a través de una amplia cocina y no veía a mi madre. Me llevaron a través de la sala, llena de sillas, sofás y otros muebles, y no veía a mi madre. Nos metimos por un pasillo y no vi a mi madre. El pasillo me llevó hacia una escalera larga, y aún no veía a mi madre. Mi frustración, el cansancio y el miedo brotó dentro de mí. Había llegado a media escalera cuando un grito profundo y prolongado comenzó a formarse en mi estómago y en mi garganta antes de salir. No pude contenerlo más. A pesar de que había sido ayudado por extraños, la soledad de mi viaje y los años que pasé separado de mis padres se desató finalmente en un torrente de lágrimas y llanto. Ni siquiera podía ver a través de las lágrimas que salían de mis ojos como cascadas.

Pero en medio de mi llanto, oí algo que se me hizo familiar. Mi llanto encontró su eco en el de mi madre, que apareció escaleras arriba llorando y gritando con alegría y viniendo hacia mí. "¡Hijo!", exclamó ella. "¡Hijo, Hijo, Hijo!

Bajó las escaleras corriendo hacia mí, y yo sollozaba mientras me envolvía en sus brazos. La abracé fuertemente. Me inundaba su olor familiar y reconfortante, el mismo que yo había buscado desesperadamente durante dos años, cuando apretaba mi nariz contra sus cartas.

Nos dimos abrazos y besos. Ella no me regañó por haber huido de la casa, y yo no le reclamé por haberme dejado. En ese momento, nada podía empañar el amor que sentía que se derramaba dentro de mi corazón.

Nueva Vida en el Norte ...Extrañando mi Hogar

Ésa fue mi primera Navidad en los Estados Unidos. Aun cuando me había reunido con mi mamá, mi papá y mis dos hermanos menores, yo sentía que ésta era una Navidad muy diferente a las *Posadas* a las que estaba acostumbrado, las que celebran el difícil viaje de María y José desde Nazaret a Belén, al igual que el viaje que yo acababa de tomar. Nadie puso sus zapatos afuera de su puerta para que el niño Jesús los llenara con dulces y juguetes. No hubo regalos de los Reyes

Magos ni fiestas con vecinos bailando y niños rompiendo piñatas. Sin embargo, estábamos juntos otra vez y yo inundaba a mis hermanos más pequeños de abrazos y besos. Me sentía orgulloso de ser el hermano mayor de nuevo, y feliz de estar protegiéndolos de todo peligro, real o imaginario.

    Mi familia y yo vivíamos en un cuarto de una casa de tres habitaciones que alquilamos a mi abuelo. El resto de las habitaciones, incluyendo el sótano, eran compartidas por una docena de hombres que ocupaban cada espacio y mueble vacío. Todos estaban allí para trabajar y enviar dinero a sus familias a México. Hay que decir que no todo el dinero llegaba a México. Cada fin de semana, a partir de los viernes, de repente se armaban fiestas en que los hombres traían cervezas para celebrar su día de pago y el fin de semana. Más de una vez las fiestas terminaron en peleas y amenazas.

    Sin embargo, las luchas y la intolerancia no sólo eran para los hombres adultos en este nuevo mundo. Nosotros, los niños, también teníamos que aprender a a adaptarnos, y de vez en cuando a pelear.

    El recuerdo de mi primer día en la escuela sigue tan fresco hoy como entonces. Caminé las ocho cuadras que hay desde nuestra casa a la Lincoln Elementary School tratando de atrapar copos de nieve con la lengua. Entré al patio de la escuela emocionado de hacer nuevos amigos. Miré a mi alrededor con entusiasmo, tratando de hacer una conexión con los niños que vi, pero nadie me saludó y ni siquiera se acercaron a mí. Todo el mundo se veía muy diferente. Se reían juntos y hablaban inglés. Su pelo era rubio y su ropa indefinida los hacía verse similares. Me di cuenta de lo mucho que extrañaba a mis amigos de la escuela en México.

Aquí no se juntan y marchan alrededor de la escuela antes de comenzar el día; ni nadie nos forma en línea para entrar a la escuela de una manera ordenada. En cambio, en Estados Unidos, los niños se reúnen afuera, hablando y jugando en pequeños grupos. Yo estaba solo, mirando y preguntándome a mí mismo qué era lo que me hacía tan diferente al resto de los niños.

A pesar de que ya me había graduado de tercer grado, yo tenía que volver a cursarlo en Illinois, porque no hablaba inglés. Yo era el único mexicano en mi escuela. Junto a mi amigo de Puerto Rico, Josie, y mi amigo tejano, Roy, éramos los únicos latinos.

Mi maestra no hablaba nada de español, y no estaba muy contenta con mi falta de habilidad para comunicarme con ella. Puso un mesa-banco para mí en el fondo del salón, mirando hacia la pared, y mientras que ella daba su lección al resto de la clase, yo veía filminas con audífonos en mi cabeza. Hasta entonces, la única persona que yo había visto con audífonos era el famoso periodista mexicano Jacobo Zabludovsky. Yo veía las noticias cada noche, imaginando que alguna voz en los audífonos le estaba diciendo al señor Zabludovsky qué decir y él estaba simplemente repitiendo lo que oía.

Como era rápido para aprender cosas, aunque a veces no muy observador, equivocadamente concluí que tendría que repetir lo que escuchaba en mis audífonos. Los niños se reían de mí y mi maestra comenzó a perder la poca paciencia que tenía. Fui rápidamente clasificado como "retrasado mental leve " y me dejaron permanentemente en el fondo del salón, mientras la clase continuaba sin mí.

Durante los primeros años, empecé a tener problemas de comportamiento en la escuela, que aumentaron con mis constantes peleas con otros niños. Yo no podía quedarme quieto cuando me hacían insultos raciales. "Espalda mojada", "mugroso", "*ceboso*" ". Éstos y otros insultos se convirtieron en mis apodos. Y cuando los escuchaba, un botón invisible dentro de mí se prendía y me convertía en una máquina de combate. Mi mente se encendía y se apagaba cuando golpeaba a cualquier niño que se atrevía a insultarme.

Ya me habían suspendido un par de veces antes de que me metiera en la pelea más grande que yo recuerde, con un niño llamado John. El chico con apellido polaco tenía los dientes chuecos y me empezó a escupir y a decirme que me regresara a mi país. Sus comentarios fueron demasiado lejos. Me lancé sobre de él agarrándolo a puñetazos, hecho que aterrorizó a mi maestra.

La señora Taylor trató desesperadamente de separarnos, pero no pudo, por lo que se apresuró a llamar al señor Wildman, nuestro director, quien me jaló de las piernas mientras yo seguía sin soltar el cuello de John. Después de que lograron separarme del niño, me enviaron inmediatamente a mi casa.

Unas horas más tarde, dos personas de la escuela se presentaron en nuestra muy poblada casa. Mi madre se avergonzó más allá de lo imaginable de que pidieran hablar con ella. Le dijeron que si me metía en una sola pelea más, tendría que encontrar otro lugar para ir a la escuela, ya que sería expulsado para siempre de la primaria Lincoln. A su salida, luego de que se fueron, mi madre lloró de rabia y vergüenza.

Mirándome, dijo. "¡Estoy tan avergonzada que ahorita ni si quiera puedo mirarte! No te entiendo. ¿Por qué te comportas así? En lugar de ser un ejemplo por ser el más grande de tus hermanos, nos estás causando una gran vergüenza. ¿Por qué? ¿Por qué?" Ella siguió insistiendo en saber porqué la estaba haciendo pasar esta vergüenza y porqué estaba siendo tan irresponsable.

"Sólo quiero regresar a Guadalajara. No me gusta estar aquí. Vamos a volver a casa y volver a ser como éramos antes. Recuerdo cuando todos comíamos alrededor de la mesa y nos daban el desayuno antes de ir a la escuela, y que cuando volvíamos ustedes estaban allí para saludarnos y abrazarnos ¿Por qué no puede ser como era entonces? ", grité sintiendo el dolor y la frustración de ser un residente indeseable en un país extranjero.

Ella me reprendió: "Éstas no son vacaciones para nosotros. No estamos aquí para pasar un buen rato. Estamos aquí para trabajar. Estamos aquí porque tenemos que hacerlo. Tenemos un montón de deudas que tenemos que pagar. Estamos aquí para quedarnos y necesito tu ayuda; no que hagas las cosas más difíciles." Sus palabras se derramaron sobre mí como un balde de agua fría. De pronto sentí la vergüenza y la decepción. Yo quería que mi madre estuviera orgullosa de mí, pero la había decepcionado; a ella y a toda mi familia. En ese preciso momento, decidí cambiar mi vida y hacer todo lo que estuviera a mi alcance para que mi madre y mi familia estuvieran orgullosos de mí. A partir de ese día, mi vida se trataría de hacerlos felices y orgullosos, a cualquier precio.

A los 11 años comencé a estudiar de día y de noche. Durante los veranos, trabajaba arrancando hierbas de los campos de soja. También comencé a vender tarjetas de Navidad a dentro de un programa de la escuela.

Con los puntos que gané por mis ventas, me compré una grabadora de cinta color anaranjado que usé para grabar el audio de la serie de televisión popular, *The Brady Bunch*. Yo esperaba que mi familia fuera como esa familia feliz. Teníamos tanto en común, pensé. También eran una familia con seis hijos, y tal vez a la larga, si seguíamos el flujo de las cosas y hacíamos todo lo que teníamos que hacer, nosotros también podríamos ser como los Brady. Grabé todos los capítulos e imité la voz de Greg, practicando una y otra vez, en un intento por borrar mi acento mexicano.

En poco tiempo empecé a tener buenas calificaciones y fui incluido en la lista de honor. Me involucré en actividades extracurriculares y me ponía *jerseys* de rombos y mocasines. Además, y para decepción de mi abuela Lidia, hasta me avergoncé de quien era (mi abuela Lidia fue la abuela que se había mudado a los Estados Unidos, años antes y se convertiría en una influencia muy poderosa en mi vida, una vez más, como lo había sido en México).

Sin embargo, sin importar lo duro que trabajaba para ser aceptado, todavía me sentía que estaba fingiendo y que no era visto como un igual. Esa exclusión se hizo más evidente cuando entré a los *Boy Scouts*. Con orgullo me compré mi uniforme, incluyendo el pañuelo y los parches, con mi propio dinero. Sin embargo, cuando iba a las reuniones de los *Scout* siempre fui ignorado por los líderes, que me dejaban solo en el fondo del cuarto.

A pesar de todo, estaba decidido. Si la educación y el trabajo duro eran las claves para salir de la pobreza y encontrar el éxito, yo trazaría el camino para toda mi familia. Lograría obtener toda la educación que me fuera posible y obtener todo el éxito que me fuera posible, para que mi madre y mi familia nunca más tuvieran una razón para avergonzarse de mí. Desde ese fatídico y azaroso día, mi vida se convertiría en una lucha incesante por hacer felices a los que me rodeaban; por nunca volver a ser una carga para nadie, y por asumir las responsabilidades necesarias para asegurarme de caerle bien a todo el mundo. Si bien empecé a verme exitoso y saludable por fuera, mi espíritu cayó en un sueño de piedra... del que me tomaría décadas en despertar de él.

Así que, ¿Hacia qué Estamos Despertando?

Nuestros antepasados creían que la vida era como un sueño, una ilusión coloreada por los recuerdos de nuestros apegos. Nos apegamos a experiencias que no entendemos completamente. La intensa alegría y el dolor superan la capacidad de nuestra mente para procesar esta estimulación, por lo que estas experiencias nos asustan y nos hacen querer aferrarnos a las mismas. La mente se aferra porque NECESITA entender. NECESITA procesar lo que no pudo procesar cuando era joven y estaba rebasada. La forma en que la mente procesa información es aferrándose a estas experiencias extremas para así poder encontrar alguna explicación del porqué se presenta una situación extrema en nuestras vidas.

Empecé a vivir una ilusión. Había sido tan apabullado por estas experiencias en mi niñez, que nunca quise que volvieran a pasar. Por vivir con el miedo de que pudieran volver a pasar, construí un falso "yo". No sabía lo estaba haciendo, pero eso era precisamente lo que estaba sucediendo conmigo. Mi mente se mantenía ligada a estas terribles experiencias infantiles. Pero como no les podía dar un sentido lógico, mejor las alejé de mi vida y construí una vida enteramente nueva huyendo de esos temores.

El problema es que algunas veces no tenemos una explicación clara de las cosas. ¿Por qué a mí? ¿Por qué tuve que pasar por ese abuso sexual? ¿Por qué tuve un padre alcohólico? ¿Por qué tuve que venir de un país extranjero y ser tratado como un criminal toda mi vida?

Bueno, la respuesta existencial a estas preguntas sería... ¿Y por qué no a ti? Si esperamos una justificación o una explicación racional sobre lo que transcurre en nuestras vidas, nos aferramos al pasado con la insistencia obsesiva que demanda una explicación de Dios, del Universo, por algo que no podemos entender. Nos aferramos a una forma de controlar lo que no podemos controlar. Pero el control nos da un falso sentido de seguridad. El Ego se siente justificado, empoderado, indignado, furioso, separado y ¡REAL! ¡Nos gusta sentir que es REAL!

Es seguro que me sentía vivo al ir vorazmente en pos del éxito durante las siguientes décadas de mi vida. Pero era una vida nacida del miedo, nacida del deseo de controlar mi ambiente exterior. Mi pasado había creado tal terror, que todas mis facultades se avivaron para controlar todas las variables posibles y para hacer que toda la gente me quisiera. Sacrifiqué mi propio espíritu para poder tener un sentido de control y seguridad.

Algunos de nosotros venimos de miles de años de auto-sacrificio, cuando el corazón aún palpitante se ofrecía para satisfacer a los dioses. Aún así, nuestro concepto de Dios ha evolucionado y ahora no sólo reconocemos que el Creador no necesita de nuestro sacrificio, sino que además no lo quiere. No es necesario sacrificarnos más. En lugar de eso, es tiempo de recoger el interés que se acumuló durante todos esos miles y millones de vidas que se sacrificaron por ti para que TUVIERAS o FUERAS lo que realmente eres. La verdadera seguridad de la vida proviene no de controlar tu ambiente exterior tratando de tener el mejor coche, la mejor casa y una fuente estable de ingresos. En lugar de eso, la verdadera seguridad y paz vienen de vivir en la verdad que está escrita en nuestros corazones.

Nos dan miedo las corrientes del río de la vida. El río fluye siempre cambiante, y estos constantes cambios son espantosos. Tememos tener que hacer otro sacrificio más y tememos ya no poder hacerlo. Por eso nos colgamos de lo que es seguro en lugar de abrazarnos a la novedad del cambio y del crecimiento.

Nuestra conciencia interna nos dice que este momento es eterno y que ella misma continúa por siempre; aun así tenemos miedo a la muerte, porque no creemos completamente en nuestra propia identidad que resplandece de poder creativo. Nos gusta sentirnos en control porque tenemos miedo de no ser. Nos aferramos a las memorias y experiencias dolorosas porque nos resistimos a la lección que prevalece en las tinieblas de nuestro sufrimiento. No sólo nos aferramos al dolor que nos consume, sino que frecuentemente nos ligamos a los eventos placenteros que queremos experimentar una vez más, como la emoción que sentimos la primera vez que fuimos a una fiesta, tomamos unas vacaciones, tuvimos una intensa experiencia sexual y tantas otros placeres que definen nuestros momentos cumbres, pero que luego se convierten en dependencias cuando nos sentimos incompletos. Buscamos el placer para escapar del dolor. Muy frecuentemente insistimos en aferrarnos al miedo y al dolor porque creemos de alguna forma que nuestro sufrimiento hace nuestras vidas más reales.

Sostenernos en algo crea un guión o mapa que seguimos en la vida. Llegamos a creer que la vida es realmente lo que hemos planeado o adoptado. Actuamos en nuestro propio drama y lo defendemos con fuerza porque creemos que es la única realidad posible para nosotros. Queremos aumentar nuestra alegría, por lo que intentamos obtener cada vez mayores placeres y nos esforzamos por llegar a las más altas cimas. Queremos evitar el dolor, y en el proceso, damos a nuestras heridas más fuerza al intentar bloquear nuestros recuerdos de sufrimientos pasados. Nos obsesionamos con el dolor que tuvimos que soportar como medio de justificar las limitaciones que percibimos en nosotros mismos.

Vemos cómo podemos incrementar nuestra alegría como si se tratara de un producto cuantificable y tangible. La realidad es que nuestra alegría será mayor cuando nos demos cuenta de que no hay nada qué perseguir; nada porqué batallar; nada qué resistir, qué atacar o de qué defendernos. La mente expandida se reconoce como la fuerza que lleva a la creación y que ha creado siempre. Por lo tanto, la alegría, la paz y la felicidad no son mercancías que debemos perseguir. No encontramos alegría ni paz que dure mucho tiempo al poseer un producto novedoso en particular, una casa más grande o un coche más nuevo, o por haber alcanzado un nuevo escalafón en nuestra carrera hacia el éxito. Por el contrario, la paz duradera y la alegría llegan a través del proceso de rendición del ego, de nuestra disponibilidad a seguir nuestra intuición y del descubrimiento de la paz que proviene al no necesitar controlar y forzar la vida. Estos son procesos estrictamente internos. Ningún evento externo o o ninguna posesión puede traer alegría que dure toda la vida. De este modo, la Mente Despierta llega a comprender que tiene el mismo poder para crear satisfacción y felicidad que la Mente Universal. La Mente Despierta se da cuenta de que es una y la misma con la Mente Universal.

Hay un gran poder en el darse cuenta del despertar. "He creado mi vida. He atraído a la gente y las circunstancias que necesitaba para que se me enseñara lo que tenía qué aprender". Todo este DESPERTAR se lleva a cabo en su momento oportuno y adecuado. Si me doy cuenta de que he creado mi vida tal como es, entonces también me doy cuenta de que tengo el poder para cambiarla. De esta forma, tenemos un número infinito de opciones en la vida, incluso tenemos la posibilidad de seguir viviendo nuestras vidas marcadas por el dolor que hemos resistido, o por el contrario, hacer una transformación radical y afirmar la generosidad, la fuerza amorosa y creativa que nos ha traído a la gracia que disfrutamos en el presente.

"Seamos humildes ante nuestro creador que en esa humildad nos eleva a su hogar"[1]
...Abuela Lidia

Con este libro puedes volver a tu pasado y reconocer la fuerza que te ha traído adonde estás. Con una perspectiva más elevada y generosa de tu verdadera identidad, volverás a escribir tu historia presente. Tus dones y talentos empezarán a brillar. Encontrarás que tus talentos son todo lo que necesitas para valerte de ellos en el momento presente.

Piensa en tu vida como una pantalla gigante de cine en blanco. Esta pantalla es capaz de recibir un número infinito de películas. La película que proyectas viene de tu mente y se proyecta sobre la pantalla que es tu vida. Tu vida es simplemente el resultado de los pensamientos que proyectas. Ésa es tu realidad.

Por lo tanto, si no te gusta la película que se está proyectando, tienes el poder para reescribir el guión y proyectar una nueva película. ¡Tú puedes cambiar tu vida! Imagínate las infinitas posibilidades que se abren ante ti! Defines tu realidad basada en los pensamientos y creencias que optas por conservar. Deja ir, por lo tanto, esos pensamientos, sentimientos y comportamientos que ya no te sirven; ellos siguen creando en esa pantalla que es tu vida, una mala película. Cuando dejas a un lado las creencias limitantes, empiezas a despertar a las infinitas posibilidades que siempre están a tu disposición, y tu vida se reflejará en esa pantalla como una maravillosa aventura.

Estás despertando a tu verdadero potencial y tu verdadero potencial contiene la capacidad de materializar lo que tu mente es capaz de percibir de manera suficiente para verlo manifestado en la realidad. Te estás dando cuenta de que eres de la misma naturaleza y materia de la inconmensurable fuerza creativa que trajo todo el universo a la existencia. Y aún así, incluso más allá del universo imaginable, se encuentra la fuente de este poder invencible. Esta fuerza ha guiado los gases y las moléculas de la materia, la vasta oscuridad y la luz, para que se juntaran y formaran el mundo físico que habitamos. Ésta es la fuerza que ha creado todo y lo ha estado haciendo desde antes del inicio de los tiempos. Nuestro universo es la encarnación, la evidencia misma de esa fuerza creativa en acción.

Esa fuerza también tiene una inteligencia inimaginable, la que la impulsa a expandirse y multiplicarse en todas las direcciones. Esta fuerza también te ha dado opción de dirigir la creación, permitiéndote definir tu propia realidad. ¿Es tu vida una celebración o un lamento? Tú decides.

Ésta es la eterna fuerza vital que que crece más allá de los límites de nuestra imaginación. Esto es lo que realmente eres. En su infinita sabiduría, esta fuerza creativa te ha elegido para manifestarse a sí misma y manifestarse como tu propia vida.

Conciencia: la Individual y la Colectiva

La conciencia tiene tanto un componente individual como uno colectivo. El componente individual de la conciencia se llama ego. Éste es tu sentido de individualidad y separación, así como la suma de tus recuerdos, percepciones, miedos y actitudes. Tu estado de conciencia individual puede hacer que te sientas la persona más miserable sobre la tierra, pero también la más importante. De cualquier manera, los extremos pueden hacer que te sientas único o diferenciado de los demás, hasta sentir que tú eres lo único que importa.

Nuestros egos son conscientes, pero generalmente parten de su equivocada percepción de poder y separación. De acuerdo a nuestros ancestros, nuestro sentido de identidad, lo que llamamos nuestro 'yo', es una ilusión. Tú creas tu Ego porque tienes que sentir que las cosas son permanentes.

Pero la vida es un flujo y reflujo, un desfile constante de cambios y transiciones. Si no aprendemos a ir con la marea, nos encontraremos luchando contra grandes fuerzas incontrolables.

Nuestros egos nos impulsan a ser competitivos, inseguros, miedosos, rencorosos, enojones, etc. Todas estas emociones expresan nuestros sentimientos de individualidad y separación de lo demás. A algunas personas les gusta dar mucha importancia al hecho de que son diferentes a los demás para sentirse especiales . Algunas personas creen que lo que los hace especiales, es su raza. Otros creen que su singularidad reside en su poder económico. Otros utilizan la violencia militar para sentirse más poderosos. Sin embargo, todas estas personas y formas de pensar están equivocadas.

La gente es especial y poderosa porque comparte la misma chispa de la creación que todos compartimos. Todos hemos sido creados por el mismo Creador. Algún día todos reconoceremos que el verdadero poder sólo se puede encontrar cuando nos identificamos y operamos dentro del espectro de pensamientos y comportamientos que forman el ritmo de la fuerza común que nos hace a todos existir.

El Ego es la Separación

Tú puedes creer que las cosas buenas le suceden a todo el mundo, menos a ti. Puedes tener creencias sobre ti mismo que tienen su origen en el ego o el sentimiento de separación. Al igual que la persona que cree que es especial y única, la persona que cree que sólo las cosas malas le sucederán a ella, se identifica con la misma forma de ego. La persona que se envuelve en tales pensamientos, cree que un conjunto especial de normas se aplica a ellos y no a nadie más. "Nadie me entiende" o

"Nadie es mejor que yo" son declaraciones enraizadas en esa separación. Cuando te sientes separado, es muy probable que al final te sientas indigno e inferior. No es tu culpa. A veces estos pensamientos de inferioridad y de separación te fueron enseñados cuando eras niño. No hay duda de que has sido influenciado por enseñanzas de este tipo y, a pesar de los daños que han causado en tu vida, te has aferrado a ellos. A veces, incluso, te has identificado por completo con estos pensamientos dañinos.

"Si la educación te enseña a avergonzarte de tu verdad,
no aprenderás nada que le sirva a nadie"
...Abuela Lidia

Debes estar consciente de tus apegos y de tus miedos. Para ello, debes mantener tu mente concentrada en aquellos pensamientos que son verdaderos y productivos, y no en las lecciones que no tienen valor y que falsamente aprendiste. En primer lugar, tienes que estar consciente de que estás conectado a los patrones disfuncionales y pensamientos erróneos. Puedes llegar a estar más consciente ejercitando "un estado de atención plena", o tomando conciencia del devenir del momento presente. Si eres capaz de ver que tus emociones son transitorias y están

siempre cambiando, entonces puedes aprender a dejarlas ir.
No tienes que sentir que estos temporales cambiantes definen quién eres tú. Al desprenderte de ellos, puedes liberarte de tus errores y sufrimientos pasados.
La humanidad por fin se está dando cuenta de que no somos solamente ego. Somos más que la noción prefabricada de identidad que hemos comprado con nuestras vidas, la misma que nos encaja la cultura de consumo. Cuando tengamos el valor de quitarnos la máscara que usamos en público, empezaremos a aprender cómo buscar más a fondo en nuestra verdadera esencia. Éste es el lugar desde donde podemos abrir la llave del infinito. Desde este lugar nos será posible acceder al gran almacén de la *conciencia colectiva*.

¿Qué es la Conciencia Colectiva o el Estado de Alerta Colectivo?

La mente colectiva, o conciencia colectiva contiene cada idea pensada alguna vez por todas las personas que hubo antes que tú. Ésa es una parte de tu experiencia que has heredado y forma parte del banco de ideas y experiencias recaudadas que heredaste al nacer. Tú estás conectado a este banco de datos y podrás tener acceso a esta sabiduría intuitiva cuando aprendas a aquietar tu mente para escuchar a tu intuición, que también se conoce como tu voz interior. Siempre estás conectado a esta riqueza de conocimiento y puedes acceder siempre a ella para tu beneficio.

El estado de alerta colectivo contiene todos los pensamientos, creencias, sueños y aspiraciones de los ancestros desde el comienzo de los tiempos, en línea directa a tu vida individual. Tú y yo somos componentes críticos de este estado de alerta colectivo. Cada idea, cada anhelo que haya sido experimentado alguna vez, está grabado en alguna parte en el tiempo y en el espacio. Ese vasto tesoro almacenado está disponible para ti en cualquier momento. ¡Imagínate! Puedes tener acceso a los grandes misterios de la creación para ayudarte a encontrar tu ruta y tu dicha señaladas.

¿Cómo se Crean los Patrones de Pensamiento?

Desde hace más de veinticinco mil años, nuestros antepasados indígenas han dado cuenta de que la vida se organiza en ciclos que incluyen marcas de días, semanas, meses y épocas. Estos ciclos también son evidentes en toda la naturaleza. La Tierra y la Luna giran alrededor del sol en patrones predecibles y medibles. El invierno da paso a la primavera y la primavera al verano. Una semilla se convierte en el potencial que ya lleva dentro. De la misma manera, nuestros pensamientos se rigen por los mismos ritmos y ciclos que son evidentes en la naturaleza.

Estos ciclos predecibles de la naturaleza, el tiempo y el pensamiento, se mantienen constantes a menos que se vean interrumpidos por una nueva idea o nuevo nivel de conciencia. Si te sientes insatisfecho, el identificar y el cambiar los patrones perturbadores de tus pensamientos y comportamientos, liberará la energía necesaria para tu transformación. Un nuevo "pensamiento" amenaza el modelo anterior y crea desarmonía con los viejos patrones, lo que altera la homeostasis y la estabilidad que tanto valoras. Al principio, como el viejo paradigma comienza a cambiar, experimentas resistencia y malestar. Tal malestar se produce hasta que se forma el caos y el desequilibrio. Poco a poco, de las cenizas del viejo paradigma, emerge uno nuevo. Comienzas a dejar a un lado la antigua manera de hacer las cosas, y al principio, cuando lo dejas ir, tu vida parece estar desorganizada. Muy pronto empiezas a recuperar el equilibrio y si te mantienes disciplinado, encuentras que has cambiado. Te has convertido en la persona que siempre imaginaste que podías ser.

Entre más caminas por la vida tratando de resistirte al cambio, tu comportamiento tiene una más alta posibilidad de parecer demasiado familiar, y como resultado, se mostrará más rígido. Cuando el dolor causado por esta rigidez se vuelva insoportable, comenzarás un nuevo ciclo de conciencia. El nuevo comportamiento se incorpora hasta que se te hace una vez más familiar. Los continuos ciclos de conciencia deben fomentarse y recibirse con amabilidad. Estos ciclos son necesarios para que podamos seguir creciendo. Si no nos movemos con el flujo y reflujo de la vida, nos estancamos, y el estancamiento es el equivalente a la muerte.

¿Cómo Puedo Cambiar los Patrones de Pensamiento Poco Saludables?

Este libro será tu guía en un proceso que te enseñará la forma de eliminar los pensamientos y comportamientos negativos para remplazarlos con pensamientos más congruentes con tus verdaderos sueños y aspiraciones. Una vez que identifiques los pensamientos y comportamientos negativos, puedes crear un plan de acción. Tu plan de acción es el mapa que te guiará a tu transformación. Al comenzar a implementar este plan de acción, empezarás a experimentar la felicidad y volverás a conectarte con el camino que tienes trazado.

Este libro se centra en la práctica de utilizar afirmaciones diarias. Estas afirmaciones se escribieron para representar un tema central en el proceso de la transformación. Se espera que organices tu horario de siete días para que puedas dar prioridad a tu compromiso de vivir cada día de la semana guiándote por tus afirmaciones y tu plan de acción. Deshacerte de tus viejos patrones de pensamiento va a requerir un poco de sacrificio (y debe continuar más allá de la lectura de este libro). Tienes que estar dispuesto a sacrificar la comodidad y la familiaridad para poder integrar nuevos patrones. Tu dependencia de lo familiar puede ser tan adictiva que quizás puedas preferir mantener los pensamientos y las conductas negativas o disfuncionales simplemente porque son familiares. Puedes acostumbrarte a una relación fastidiosa persistente o a cualquier otra molestia porque tienes más miedo de cambiar tu vida que de quedarte con esa molestia. Pero si tú puedes esforzarte por deshacerte de estas formas familiares de pensar, verás más y más desarrollarse brillantes cambios en tu vida.

Tu potencial o *tonalli*

En mi primer libro, **La promesa del Quinto Sol: Viaje Ancestral al Autdescubrimiento**, *hablo* del "*tonalli*". Tu *tonalli* es tu energía única, tu alma, tu vocación o tu esencia. Es la vibración específica de tu encarnación individual que transmite y recibe en una frecuencia que es sólo tuya.

De acuerdo con las enseñanzas ancestrales, todos tenemos un propósito único que se estableció antes de la hora de nuestro nacimiento. Tu *tonalli* es una voz distinta dentro de ti que trata de guiarte hacia tu felicidad y tu satisfacción. Tus dones y talentos son expresiones de tu *tonalli*. Esta huella digital de la originalidad guía tu camino hacia la felicidad, el éxito y la dicha absoluta; eso es, si tienes el coraje de prestar atención a sus directrices.

La energía de tu *tonalli* es ilimitada y contiene la huella de tu verdadero potencial. Así como una bellota tiene el *tonalli* de ser un roble poderoso, tu *tonalli* contiene todo lo necesario para vivir tu vida más abundantemente, con tu verdadero potencial.

Tu verdadero potencial reside en el núcleo de tu ser. Siempre ha estado ahí, en espera de ser descubierto. Ese potencial no se ve dañado o disminuido, no importa cuánto dolor ni dificultad hayas sufrido en el pasado. Cuando naciste, tu *tonalli* era perfecto y completo, contenía todo lo necesario para asegurar tu éxito y para que pudieras vivir una vida de alegría y paz. Ese potencial se mantiene dentro de ti siempre intacto y sin daño. No importa lo que haya sucedido en tu vida, o cuánto tiempo haya pasado, siempre puedes volver a conectarte a tu *tonalli*. Para volver a conectarte, tienes que volver a aprender el arte del conocimiento intuitivo, conocido también como el hacer caso a tus "corazonadas". Éste es el tipo de sabiduría que llega cuando se presta atención a esa voz interior que siempre buscas para que te guíe. El practicar esta atención plena puede darte un medio para volver a conectarte a ese conocimiento y propósito internos.

¿Realmente Puedes Transformar tu Vida en una Semana?

Sí, es posible. En una semana, puedes comenzar a desarrollar los hábitos saludables necesarios para el cambio profundo en tu vida. No todo va a cambiar en una noche o en una semana. Sin embargo, no importa cuán difícil o presionada haya sido tu vida hasta ahora, tú no tienes que seguir en el camino lleno de obstáculos que te deja sin inspiración, sintiéndote ansioso, deprimido, abrumado y frustrado. Una vez que aprendes a aprovechar las energías creativas de tu mente y liberar todo tu potencial infinito, el camino se aclarará y se abrirá ante ti sin obstáculos. El poder de transformar tu vida está en tu capacidad de elegir los pensamientos profundos y de implementar las acciones que puedan traerte alegría, paz y felicidad. En una semana, tú puedes romper la coraza de tu vida ilusoria y comenzar a identificar los patrones y creencias negativas que impiden tu felicidad. También puedes comenzar a aplicar nuevos patrones de comportamiento y formas de pensar.

En años recientes una gran cantidad de investigaciones se ha centrado en el poder de nuestros pensamientos. En nuestros días, frases tales como "Transforma tu pensamiento, transforma tu vida", pueden sonar a cliché. Sin embargo, en esencia, el secreto es tan simple y tan difícil como eso. Observa que una gran parte de nuestra manera de pensar es automática, es decir, nuestra mente está por lo general operando a un nivel subconsciente. En otras palabras, no nos damos cuenta del frívolo parloteo que utilizamos y las cosas terribles que nos decimos a nosotros mismos. Nosotros no estamos muy conscientes de la forma como nuestros pensamientos negativos nos hacen sentir impotentes y derrotados. Imagina la vida de una persona cuyo proceso de pensamiento está conformado sólo por el dolor y por las lesiones que sufrió en el pasado. Dado que los pensamientos son poderosos, más sufrimiento se manifiesta en las vidas de las personas que se aferran a sus pasados dolorosos. Se trata de una simple fórmula de atracción. Positivo atrae positivo y negativo atrae negativo. Pensamientos y comportamientos atraen más de lo mismo.

Entiendo que puede ser difícil o incluso absurdo creer que la transformación de la vida real puede ocurrir en tan sólo siete días. Sin embargo, en sólo siete días, este libro te ayudará a alcanzar dos objetivos fundamentales:

1. Identificar los pensamientos y comportamientos que impiden tu felicidad;
2. Mostrar cómo se puede crear un plan de acción para llevar a cabo la vida que deseas.

Como mucha gente, puedes haber hecho varios, si no es que muchos intentos en tu pasado, de hacer cambios en tu vida, pero siempre hay algo que parece jalarte de nuevo a tus antiguas maneras de ser. Cuando regresas al pasado, es probable que te sientas derrotado y convencido de que la vida que quieres vivir es más una ilusión que una realidad.

Tal vez la vida hasta este momento te ha producido un gran dolor, decepción y desilusión, y te sientes sometido y vencido. Tal vez te has preguntado sobre el significado de tanto sufrimiento. Si bien estos sentimientos pueden ser representaciones válidas de tus experiencias pasadas, tales pensamientos y sentimientos negativos no tienen que hacerse cargo de tu vida y no tienen que definir tu realidad en el futuro. Nada negativo o doloroso que haya ocurrido en tu pasado tiene el poder de determinar tu vida. La única persona con la capacidad de alinear tu vida con tu verdadero propósito e intención, eres tú. Sólo tú puedes decidir dar un paso atrás en la línea de lo que es verdaderamente posible para ti. Eso es, vuelve a formarte en la fila.

Volver al Centro

El dolor, la tristeza y el miedo son experiencias normales e incluso saludables de vez en cuando. Nos pueden mostrar cuál no es nuestro camino y nos pueden advertir sobre el peligro. Sin embargo, cuando estas emociones se convierten en nuestra reacción normal y habitual, el dolor y la tristeza dejan de tener su propósito y se convierten en una rígida coraza que bloquea nuestra visión y nos impide ser capaces de pensar y actuar como realmente somos en el fondo.

Cuando esto sucede empezamos a actuar basándonos en nuestros miedos y en nuestras heridas. Cuando constantemente damos paso a estas emociones, nuestra vida se convierte en una experiencia de persistente tristeza, enojo, decepción... y la lista podría continuar para siempre.

Si el sufrimiento te está impidiendo ser feliz, el dolor y el miedo que estás reteniendo y experimentando deben servir de advertencia para indicar que estás fuera de tu ruta prevista. Si estás fuera de la misma, puedes optar por dar un paso hacia atrás y volver a alinearte hacia tu camino verdadero y señalado. ¿Estás listo para dejar a un lado las limitaciones y el dolor? ¿Estás listo para hacer el trabajo requerido? ¿Estás listo para vivir tu verdadero camino?

    El hecho de que tus esfuerzos pasados no produjeran el resultado que deseabas, no significa que eres incapaz ver que una vida plena se manifiesta en tu vida. El poder de la transformación siempre opera bajo las leyes universales predecibles y consistentes. Si empleas estas leyes correctamente, siempre van a dar los resultados que buscas. El poder universal de la transformación está funcionando adecuadamente hoy en día, igual que siempre. Este poder se mantiene al margen y está esperando que tú participes.

    Las leyes del universo son impersonales y funcionan de la misma manera para todos. No hay una persona que sea un pecador sin ningún valor; así como no hay ninguna persona que merezca más que otros. Tú no estás solo y no estás sujeto a una norma diferente al resto del mundo. Puedes acceder al poder de la creación y la transformación directa. No necesitas un mediador. Si tus deseos se expresan con claridad y sin equívocos, sus frutos pueden manifestarse de forma instantánea.

Si el deseo de tu corazón no se manifiesta, es probable que sigas manteniendo y alimentando un poco de miedo, de dudas o contradicciones.

A veces decimos que queremos ser felices, y secretamente dudamos si somos dignos o permitimos que nuestros miedos e inseguridades nos mantengan derrotados. Puedes decir que te sientes afligido por tu mala relación con otra persona. Puedes llorar todos los días y al mismo tiempo puedes tener miedo de tener que tomar las medidas necesarias para al fin poder ser libre. Tienes miedo de que el cambio que necesitas hacer sea económica, emocional o logísticamente imposible, y por lo tanto te quedas con tu aflicción, pero tu queja se vuelve más fuerte. De lo que no te das cuenta es que te has vuelto dependiente de las cosas tal como son. Tal vez necesitas que tu esposo o pareja actúe de la manera que ha actuado todo el tiempo. Esto es necesario para que puedas seguir culpándolo de tu infelicidad. Cuando decidas que es tiempo de cambiar, nada ni nadie podrá detenerte.

2

Trazando el Camino

> *"Más vale prevenir que lamentar."**
> ...Abuela Lidia

La evidencia de la supervivencia de enseñanzas ancestrales y los ejemplos de principios básicos han llegado a nuestra conciencia moderna como conceptos de la "nueva era" y "secretos" para la salud y el bienestar. Sin embargo, estas enseñanzas no son un secreto ni son en realidad una nueva forma de pensar.

De hecho, nuestros antepasados Nican-Tlaca, tribus americanas entre las que se incluyen los toltecas y aztecas, predijeron este momento de gran transición y cambio. Afirmaron que "los hijos de la luz" se olvidarían de su poder y potencial y, en cambio, dormirían en una nube de miedo y odio. Tal sueño terminaría en el surgimiento de una nueva luz, el nuevo sol de la iluminación. Hemos entrado en la era final del Despertar, en la que finalmente nos damos cuenta de que somos seres creativos, capaces de dirigir la fuerza de la revelación con el poder de nuestros pensamientos. Somos mucho más que seres físicos afectados por el entorno material que nos rodea. Éste es el fin del Quinto y último Sol, pero no en el sentido trágico y apocalíptico, sino en el que habla del final de un largo ciclo de creencias limitantes, donde la humanidad equivocadamente pasó a depender de la realidad física como si fuera suprema. Como ejemplo de este despertar, nos hemos dado cuenta de que la materia no es tan sólida como se creía anteriormente. La física cuántica nos enseña que, a nivel subatómico, la materia responde a los pensamientos y las percepciones del observador.

El reino de *Tonatiuh*, el dios Sol, está a la mano a medida que empezamos a despertar a nuestra verdadera naturaleza, divina y eterna. Ya que reconocemos que somos seres conscientes, auto-observantes y reflexivos, con amplios poderes de la conciencia, descubrimos la posibilidad de crear y recrear nuestras propias realidades. La época de confusión está rápidamente llegando a su fin, mientras nos preparamos para entrar en la nueva era de la iluminación.

La historia se da a través de nuestras vidas individuales reconociendo que el opresor y el oprimido residen dentro de cada uno de nosotros. Luz y oscuridad; bueno y malo; masculino y femenino, son fuerzas opuestas que buscan una expresión dentro de nosotros por medio de combinaciones o manifestaciones que son, de alguna manera, únicas para cada individuo.

Tus caprichos, dones y talentos han sido cuidadosamente orquestados por la Mente Universal, para poder manifestarse en este específico lugar y tiempo. Tú eres la llave de la puerta sagrada, el ingrediente esencial en el caldo de la creación. Nuestros antepasados predijeron que esta vez la Historia estaría marcada por cambios rápidos y una gran confusión y sentimientos de pérdida. Como prueba de esta rápida transformación, podemos mirar hacia nuestra política, economía, medio ambiente y los acontecimientos mundiales. La transformación radical ha comenzado y la forma en que elijamos reaccionar, determinará el destino de nuestra existencia. Este nivel de transformación puede alterar el orden y muchas veces esto puede ser aterrador. Tal es siempre el caso cuando una persona o un pueblo evolucionan más allá de las limitaciones anteriores.

Sin embargo, siempre debemos recordar que no hay nada que temer. El miedo es una reacción del ego y el ego es una ilusión que hemos inventado en un intento por mantener una falsa sensación de control sobre nuestras vidas y sobre las fuerzas que están fuera de nuestro control. Confiamos en que hay una ley universal que amorosamente orquesta toda la materia y todos los sucesos para poder las lecciones de amor que necesitamos aprender para nuestra propia transformación. La gente, los sucesos y los lugares exactos que necesitas, aparecerán en el momento apropiado para poder enseñarte la lección que necesitas para tu evolución. Tenemos que estar alertas a las pistas que aparecen, y apreciar su significado, sin ponernos a la defensiva o sin tener que reaccionar abruptamente.

Cuando los mensajes como estos se manifiestan en nuestras vidas, por lo general tratamos de encontrar a alguien más a quien culpar en lugar de aceptar el mensaje necesario para nuestra propia transformación. Los rápidos cambios que estamos presenciando representan el final de un ciclo de tiempo y el comienzo de una nueva era. Éste es el momento en que los sistemas opresivos se deshacen y nos liberamos obteniendo la capacidad de ver con nuevos ojos y sentirnos con un corazón nuevo. Por fin podemos obtener el despertar que hemos estado esperando por más de quinientos años. Ya ha comenzado la ola de iluminación, donde el miedo y la confusión se deshacen; donde el reino material se doblega y obedece a las leyes superiores de la energía y el espíritu.

Ya no necesitamos ser controlados por nuestros sentimientos de carencia y limitación. Tenemos la oportunidad de darnos cuenta de la conexión que tenemos con la tierra, el universo infinito y con todos los demás seres vivos con los que nos encontramos. Podemos recuperar la sabiduría ancestral y recobrar nuestra armonía individual y colectiva, así como nuestro equilibrio. Podemos aprender a desprendernos de nuestras emociones y experiencias personales con el suficiente tiempo para estudiarlas y ver en donde nos hemos quedado atascados. Viéndolo con desapego y cierta curiosidad, podemos ver que no tenemos que dejarnos absorber por nuestro dolor y, por lo tanto, podemos empezar a apreciar cómo el universo organiza todos los detalles finitos para poder enseñarnos e invitarnos a participar en la creación de nuestra verdadera vida ilimitada. Las pistas y las direcciones que recibimos de nuestra voz intuitiva, son sencillas.

Podemos aprovechar esas pistas si mantenemos una mente clara y un corazón abierto para recibir estos mensajes. El proceso del despertar comienza a ocurrir cuando se aprende a identificar las emociones y los temores que nos han limitado en el pasado y los intercambiamos por el innegable poder que proviene cuando asumimos nuestra propia unidad, con la fuerza de la creación.

Estos mensajes transformadores están en todas partes. A medida que te abres a su existencia, desarrollarás una ilimitada habilidad para percibirlos. Estos mensajes abren el camino en nuestras vidas en forma de coincidencias o hechos y situaciones inusuales. En todas las culturas y generaciones, las enseñanzas centrales siguen llamando la atención sobre la conexión compartida entre el individuo y el Espíritu universal, colectivo, o Creador. Las personas no religiosas pueden preferir utilizar conceptos como *conciencia colectiva* o *fuerza universal de la creación* al referirse al misterio detrás de todas las cosas, en lugar de hablar de Dios o un Creador. No importa qué conceptos se utilicen para expresar el misterio cósmico, la existencia humana ha representado la encarnación de una fuerza creativa que se hace más compleja entre más "inteligentes" seamos. Hemos despertado al conocimiento impresionante de que somos activos co-creadores de nuestras vidas y de que compartimos un todo; de hecho, somos de la misma naturaleza y contenido que la Mente Universal.

Hoy en día, la investigación sobre la conciencia y los avances en la física cuántica refuerzan estas antiguas enseñanzas. Entendemos que nuestros pensamientos son tan poderosos que tienen la capacidad de impactar el mundo que nos rodea. Nuestros pensamientos se proyectan hacia el exterior e impactan la materia a nivel subatómico. Hemos llegado a saber que algo se convierte en realidad sólo después de que enfocamos nuestros pensamientos en el objeto o la situación que estamos observando. Tu observación, tus pensamientos y sentimientos acerca de lo que está ante tus ojos, crean tu realidad. Juzgas y determinas que lo que observas es positivo o negativo.

Las personas que han experimentado la alegría y la armonía, que han sido nutridas y amadas como se ama a los niños, son más propensas a ver la vida como una gran aventura. Las personas que han sufrido mucho y han tenido la experiencia repetida de confrontar el dolor y el trauma, pueden percibir la vida como difícil, dolorosa, limitante, aterradora y deprimente. Entre más dolor experimentamos, lo más probable es que tendamos a protegernos del dolor, hasta que nos convirtamos en seres rígidos y desconfiados, y todo lo que somos capaces de reconocer está limitado por nuestra experiencia con el sufrimiento. De repente, podemos tener la sensación de que nuestra vida es como un mal sueño que nunca termina.

Comenzamos a dudar de que las cosas buenas puedan ser para nosotros. Tenemos problemas para confiar en la gente, y el dolor del pasado parece encontrar una forma de expresión constante en nuestra vida presente.

El sufrimiento en la vida puede ser una realidad, pero no es el veredicto final o un requisito necesario para vivir. Sufrimos cuando nos apegamos a alguna memoria o a una forma de cómo deben ser las cosas. Nos decimos a nosotros mismos que debemos entender el porqué hemos pasado esas experiencias dolorosas o tenemos que decirnos que tenemos que tener control flujo y reflujo de la vida. Aun cuando estamos atados y obsesionados con algunas cosas, podemos empezar a aprender a cómo ir soltando esas ataduras. A pesar de que podemos haber aprendido que el sacrificio, el dolor y el sufrimiento nos hacen más fuertes, estas falsas enseñanzas también nos impiden vivir una vida abundante y gozosa. Si tu vida parece como un sueño que es limitante y doloroso, puedes despertar y modificarlo.

Tú puedes recuperar todo el poder y la verdad que está dentro de la realidad divina. Tú puedes despertar a una vida de infinitas posibilidades y aprovechar la fuerza creativa que siempre está tratando de interactuar contigo y hacerte tomar conciencia de las realidades múltiples y simultáneas que están a tu disposición en cualquier momento. La sabiduría intuitiva y el conocimiento que siempre han estado en el centro de tu ser, nunca ha sido dañados o disminuidos. Aunque es posible que en tiempos difíciles te sientas desalentado y solo, sabemos que siempre se puede aprender a recuperar esta fuente infinita de energía. Puedes modificar tu forma de pensar y plantar las semillas que darán a luz una nueva vida, tranquila y alegre. ¡Sí, en sólo una semana puedes despertar a tu verdadero potencial!

El poder de cambiar tus pensamientos

"Los pensamientos son una fuente poderosa de energía. Los pensamientos tienen la habilidad de crear el mundo material en el que vivimos."

...Dr. Jorge Partida

Debido a que los pensamientos, y las palabras que nacen de ellos son tan poderosos, es absolutamente imperativo identificarlos y cambiarlos si es necesario, como parte del proceso del DESPERTAR, lo que este libro te ayudará a lograr. Es por eso que la incorporación de las Afirmaciones y las Meditaciones (así como el uso del diario) es crítica en este proceso. Utilizando estas herramientas, identificarás los pensamientos destructivos que llevas contigo (a través de la utilización del diario) así como aprenderás a reemplazarlos con nuevos pensamientos (a través de las afirmaciones y las meditaciones) que te servirán para alcanzar tu más alto bien y te guiarán hacia la completa felicidad.

Nuestra falta de felicidad no es más que nuestra tendencia consciente o inconsciente a reaccionar en forma automática y repetida a lo que pareciera ser cierto.

Basamos nuestra realidad en un conjunto de experiencias dolorosas del pasado que llevamos con nosotros dondequiera que vayamos. Nos aferramos a los pensamientos que son erróneos o equivocados. Tus pensamientos van delante de ti. En otras palabras, lo que tú crees, finalmente se convierte en tu realidad. La realidad que tú estás viviendo actualmente, el entorno físico, las relaciones, las circunstancias y situaciones en las que actualmente te encuentras, son el resultado lógico de los pensamientos que consideraste en algún momento del pasado. Muchas veces, tus temores más grandes se manifiestan en tu vida porque pasas mucho tiempo obsesionándote con ellos.

Vives tu realidad a partir de la suma de los pensamientos retenidos. Utilizas las reacciones que provienen de los demás para reforzar tus creencias sobre la vida. Si no estás satisfecho con tu vida actual, en lugar de echarles a otros la culpa, da un vistazo a los pensamientos y creencias que estás reteniendo.

Al cambiar tus pensamientos erróneos y las conductas subsecuentes, puedes cambiar tu vida. Esto no puede ser nunca dicho de más. La mayoría de la gente simplemente no se da cuenta de lo increíblemente poderosos que son nuestros pensamientos, y si tú aprendes a cambiarlos, puedes cambiar tu vida. Al cambiar tu vida, ¡tú puedes cambiar el mundo!

Como se mencionó en el Capítulo 1, para poder DESPERTAR debes estar dispuesto a dejar a un lado la falsa comodidad y la familiaridad proporcionada por tu dependencia a tus patrones habituales. Puede parecer difícil al principio tratar de cambiar los viejos patrones. A pesar de que podrías llegar a ser consciente de que has desarrollado patrones de conducta que ya no te sirven, el evitar ser atrapado por ellos requiere de un compromiso, de una atención y de una conciencia constantes. No quedarse atrapado también exige la voluntad de experimentar el mundo nuevo y desconocido que se encuentra fuera de la zona cómoda de tus antiguos y conocidos hábitos.

Desarrollar la conciencia interna es un paso crítico, pero tener este conocimiento interno, a menudo no es suficiente. También se necesita la voluntad de establecer nuevas ideas y probar nuevas conductas. Estos nuevos pensamientos y conductas en un principio pueden parecer extraños y ajenos, pero ése es precisamente el punto.

Tienes que estar dispuesto a sufrir molestias y enfrentar cosas que no son familiares con el fin de romper con los pensamientos y comportamientos habituales. En otras palabras, no puedes ser una persona nueva y todavía pensar y comportarte de la misma manera. ¿Estás listo? Si es así, considera esto:

Continuando con los Patrones de Vida, Acciones y Pensamientos Limitantes

Un niño que hace un berrinche aprendió a hacerlo porque alguna vez eso le ayudó a conseguir lo que quería. Si continúas de adulto haciendo berrinches, lo más probable es que no te saldrás con la tuya. Es rara la vez que los berrinches funcionan para los adultos, pero eso no hace que dejemos de intentar que funcionen.

Intentamos imponer nuestro deseo a través de amenazas o de coacción y, frecuentemente, porque estamos tan acostumbrados a nuestro comportamiento automático, no nos damos cuenta de ello. No puedes eliminar estos patrones si no sabes que los estás practicando. Podrás ser capaz de deshacerte de tus pensamientos y comportamientos limitantes cuando reconozcas que éstos no producen los beneficios que antes obtenías. Ahora, cuando insistes en salirte con la tuya cada vez que interactúas con alguien que amas, en lugar de que los antiguos patrones funcionen, te encuentras con que la persona que amas empieza a poner distancia. Si el premio no está disponible, el comportamiento que obtuvo la recompensa también va a desaparecer (esto se denomina "extinción"). Puede que no sea inmediatamente obvio para ti el saber de qué manera tus comportamientos poco saludables obtienen una recompensa, pero puedes estar seguro de que si estás manteniendo un comportamiento poco saludable, es porque estás experimentando alguna ganancia indirecta, también llamada *ganancia secundaria*. ¿Cuáles son los beneficios secundarios que actualmente te están deteniendo?

> *"El que rico se hace por lo que roba y lo que toma, pagará muy caro el abuso de confianza que el Creador le ofreció.*[2]
>
> ...Abuela Lidia

Todos desarrollamos hábitos nocivos. Por ejemplo, el gritarle a tus hijos podría hacer que sientas que te estás desahogando. Este alivio momentáneo y esta liberación sería una ganancia indirecta. Sin embargo, la recompensa no funciona a largo plazo debido a que la ansiedad, la culpa y la tensión que sientes después, altera la armonía de tu hogar y tu sentido interno del equilibrio.

Regresar a lo mismo

Los seres humanos somos animales de costumbres. Nos gusta sentir que tenemos el dominio y control sobre nuestro medio ambiente. Nuestros hábitos y patrones fijos organizan nuestras vidas y nos dan una sensación de control. Esta es la razón por la que no es tarea fácil cambiar patrones de pensamientos y comportamientos que tomaron años en desarrollarse. Cuando hacemos un esfuerzo para romper patrones de larga duración, es probable que nos sintamos incómodos. El desconocimiento y la tensión de lo que es nuevo, representa un fuerte tirón que nos lleva a la antigua y familiar manera de hacer las cosas. Ten cuidado con las personas y las circunstancias que tratan de jalarte hacia atrás. Cuando comienzas a cambiar, también estás mostrando a los demás la imagen de ellos mismos. Cuando cambias, la gente que te rodea también tiene que cambiar la forma en que se relaciona contigo. Pero la mayoría de la gente quiere mantener esa seguridad comportándose de la misma manera, lo que hace que tú tengas que actuar siempre de la misma forma en lo que has venido haciéndolo.

Además, hay una tendencia humana a regresar a los mismos niveles de funcionamiento cuando se está bajo tensión. Esta tendencia hace que te sientas que te estás yendo hacia atrás y no hacia adelante. "Yo pensaba que ya había pasado este punto... ¿Por qué sigo cometiendo los mismos errores después de tanto tiempo?" Éstos pueden ser pensamientos desalentadores durante el proceso de la transformación. Un drogadicto puede sentir que tener recaídas hace que su recuperación sea algo imposible, pero con cada nueva recaída, siempre hay algo significativo que cambia para siempre. Lo que pasa es que no estamos entrenados para ver estas sutiles diferencias y creemos erróneamente de que no estamos evolucionando. Cuando te comprometes a lograr tu transformación, debes estar dispuesto a luchar contra esta etapa inicial de malestar. Resiste la tentación de retroceder hasta que el nuevo pensamiento y el comportamiento se vuelvan familiares. No te castigues a ti mismo o te permitas deleitarte en la autocompasión. Esta tendencia al auto-castigo puede ser una buena excusa para retroceder y abandonar tu progreso. Prémiate por los cambios que has hecho, incluso cuando estos cambios parezcan pequeños e insignificantes. Da gracias por las personas y las circunstancias en tu vida que apoyan tu evolución, y pronto verás que el proceso del despertar es fácil y auto-revelador.

Sobre el Cambio de Patrones

Hay siete pasos necesarios para cambiar los patrones antiguos y no saludables y convertirlos en nuevos patrones que producen alegría. A continuación encontrarás una breve descripción de cada paso. Este libro dedica un capítulo a cada uno de los pasos. Será útil para que aprendas a reconocer cuándo y cómo pasar de una etapa a la siguiente, no sólo para cada uno de los próximos siete días. Estos siete pasos te serán de gran utilidad en la búsqueda de este proceso, más allá del término de este libro.

No te preocupes tanto por tener que memorizar o hacer un trabajo mental pesado. Las afirmaciones que se te pide que hagas todos los días de la semana, corresponden a cada uno de los pasos que se describen abajo. Las afirmaciones están escritas para llevar a efecto cada paso. Vas a ir dando los pasos al simplemente ir tomando parte en las afirmaciones, meditaciones y ejercicios diarios prescritos en cada capítulo. Se te recomienda realizar estos ejercicios dos veces al día.

Los siete pasos

1. **Toma de conciencia.** Es la habilidad de reconocer el malestar o la incomodidad y empezar a localizar la naturaleza y el alcance de tales molestias. Es también la capacidad de reconocer que algo está fuera de equilibrio.
2. **Identificación.** La capacidad de localizar e identificar el origen y la naturaleza exacta de las molestias.
3. **Interrupción.** La habilidad de detener la trayectoria típica de los patrones fijos de los pensamientos y/o comportamientos.
4. **Incorporación.** La capacidad de probar nuevas conductas y/o pensamientos. La incorporación causa una alteración o desequilibrio en los patrones anteriores de pensamiento y/o comportamiento.
5. **Liberación.** La habilidad de conscientemente dejar ir los pensamientos anteriores que han sido identificados como poco saludables y limitantes. Esto se puede hacer a través del ritual y/o la incorporación de nuevos pensamientos y comportamientos.
6. **Evaluación.** La capacidad de medir el progreso y el movimiento de un punto de referencia fijo a un punto preestablecido de evaluación (como

ejemplo, tomar una prueba previa al inicio de la semana y tomar una prueba posterior al final de la misma).
7. **Recompensa.** La capacidad de reconocer un movimiento hacia un destino deseado y marcar el progreso con una declaración o acción que, de alguna manera, refuerce el movimiento positivo y dé un incentivo a la persona involucrada en el arte de la transformación.

Cómo aplicar los principios de la transformación con el fin de cambiar patrones poco saludables

Sigue estos pasos según se establecen en los capítulos siguientes, y serás capaz de romper cualquier pensamiento o comportamiento que te está limitando. Durante la implementación de estos pasos presta mucha atención a la resistencia que pueda surgir a medida que comienzas a cambiar. Recuerda que todo pensamiento o patrón de comportamiento que hayas adoptado, se ha mantenido en movimiento porque en algún momento funcionó para ti.

Si te estas "resistiendo" significa que tienes miedo y no quieres dejar ir algo o no quieres que algo suceda de la manera que está sucediendo. En otras palabras, te estás "resistiendo" a la dirección por donde la vida te lleva y esa resistencia te causa infelicidad y dolor. Tu resistencia obedece al apego a lo que crees debería ser, pero recuerda que tu percepción está limitada por tus experiencias. Lo que te espera es muy probable que sea mucho mejor de lo que tu percepción limitada puede imaginar.

La resistencia se crea cuando estamos convencidos de que nuestros sueños o deseos son más importantes y poderosos que las intenciones de la vida. Por ejemplo, frecuentemente cargamos la amargura y el resentimiento de cuando alguien nos hirió en el pasado o tal vez de cuando un amante o un amigo nos dejó. La resistencia, en este caso, se presenta en la forma de querer que la realidad sea diferente de lo que es, como cuando queremos que la persona regrese a nosotros o que actúe más amablemente.

Pero el desear que algo sea diferente, y el subsiguiente resentimiento que proviene de ello, no cambia la realidad ni impacta a la persona que te abandonó. Los resentimientos retenidos sólo te hacen más desdichado. No importa que tan enojado estés, no importa cuánto tiempo te mantengas ligado a tu versión de la "verdad", tu conexión con ella no tiene ningún impacto en los demás, ni en los hechos que se te ponen enfrente.

Vas cargando la amargura sin ninguna razón en absoluto. Cuando cargamos emociones negativas, éstas no sólo nos comen por dentro, sino que nos roban la alegría y la liviandad de la existencia. El resentimiento, la amargura, la ira, e incluso la aflicción, son todas formas de resistencia que bloquean el flujo natural de la gozosa energía de la vida.

Sobre la Conciencia Plena

La plena conciencia también puede ser llamada "conciencia despierta". El practicar obtener la consciencia plena te dará acceso a los vastos tesoros de la mente colectiva. ¿Cómo? Trata de pensar en el valor del momento en el que te encuentras. ¿Qué te está faltando? ¿Qué cosas necesitas? ¿Qué es posible para ti? ¿Ves cómo este momento es perfecto, sin temores, preocupaciones, deseos y pasiones intrusas? Este momento es puro infinito, perfecto y con un gran potencial.

Esto significa que tú puedes tener acceso a la fuente infinita de toda consciencia, la consciencia colectiva que representa la inteligencia de tu verdadero ser. Entre más atento y consciente seas, más capaz serás de utilizar el poder de la creación y de usar la magnificencia del universo para construir tu vida ideal. El practicar la consciencia plena y la habilidad de permanecer centrado te permitirá sentir el poder de la creación hablando dentro de ti, a través de la voz de tu intuición.

Es de vital importancia que aprendas a escuchar a tu voz intuitiva. Hay un sinnúmero de personas dispuestas a decirte qué hacer. Si dudas de tu propio poder y de la verdadera naturaleza, es probable que sientas que las opiniones de otras personas son más importantes que las tuyas. Cuando crees que otros son más importantes que tú, es probable que renuncies a tu propio conocimiento intuitivo en favor de la opinión de los demás. Sin embargo, si escuchas a tu conocimiento interior, tu intuición y tu voz interior te guiarán a las acciones y pensamientos que creas son los adecuados para ti.

Tu voz interior se encuentra en el centro de tu silencio. Esta es la razón por la que la meditación, o el saber cómo calmar la mente, son habilidades muy importantes que tenemos que aprender. Tienes que aprender a ignorar todos los ruidos de las demandas de los demás, comenzando con el bombardeo de información del mundo exterior y de la que proviene de tu pasado, con el fin de escuchar la voz dentro de ti. Siempre confía en la intuición y conocimiento interior, ya que siempre te llevará a tu mayor alegría.

Podemos usar nuestros pensamientos para obtener una dirección. Es decir, podemos pensar por nosotros mismos y avanzar en la dirección de nuestros pensamientos, pero la dirección en sí misma tiene su comunicación con la *Creación* o con la *Mente Universal* a través de nuestra intuición. Esta intuición se expresa como una visión o una sensación de sentir; una reacción visceral que habla a través del silencio. Aprende a confiar en esa voz tranquila en lugar de confiar en las voces de otras personas. Ten en cuenta que escuchar las opiniones de los demás y lo que quieren para tu vida, es exactamente lo que te llevó en primera instancia a quedarte dormido en la vida. Recupera la voz de tu intuición y DESPIERTA a tu potencial ilimitado.

La misma fuerza del amor que construye todo en el universo espera que reconozcas que tú eres de la misma fuente y sustancia. Una vez que reconozcas que eres uno con esa fuerza, serás capaz de proclamar tu palabra con poder y certeza, y serás capaz de dirigir ese poder para construir la vida que realmente deseas. Cuando aprendas a reconocer la perfección del momento presente tal como es, serás capaz de enfocar tus pensamientos y dirigir la fuerza de la creación. Vas a entender la sabiduría del momento y el impacto que cada momento tiene en tu vida. Vas a experimentar una profunda sensación de poder a medida de que aprendas a disminuir el ruido y el desorden que normalmente se interpone en el camino de tu funcionamiento óptimo.

Ejercicio: El Éxtasis de Lavar los Platos

No tienes que participar en actividades sumamente profundas o peligrosas para poder obtener el estado consciente. De hecho, ayuda el estar completamente en el presente aún cuando estés haciendo las pequeñas cosas mundanas de la vida. Por ejemplo, puedes logar obtener la conciencia y llegar a la iluminación incluso mientras estás lavando los platos.

Intenta esto: ¡Ve a lavar los platos! Incluso si tú eres el tipo de persona que nunca levanta un plato, trata de lavar sólo un plato sucio. Toma conciencia de la corriente de agua a través de tus manos. No albergues preocupaciones e inquietudes mientras lo haces. Sólo enfoca tus pensamientos y siente cómo el agua y el jabón acarician tus manos. ¿A cuánta alegría puedes rendirte al darte cuenta de que el agua sale de la llave automáticamente? ¿Cuánto agradecimiento puedes sentir mientras cuentas las miles de burbujas que se juntan en tus manos? Tus manos son obedientes y responden a los gentiles comandos de tu mente. Puedes incluso olvidar que estás realizando una tarea mientras sientes la alegría de la vida pasar a través de ti en este momento. Tu corazón late por sí mismo y tu respiración es automática. Estás completamente presente y vivo y no estás preocupado de tus problemas, del sufrimiento o del dolor. Puedes incluso sentir como que te has desaparecido y has sido de repente conectado a toda la creación.

Entre más practiques el estar consciente, como en este este pequeño ejercicio, más aprenderás a crear espacios más amplios de paz y tranquilidad en tu vida. Entre más se incrementen estos momentos, más grande será la alegría y la paz que vas a experimentar. La conciencia plena es una disciplina y, como todas las otras, necesita práctica y dedicación. Entre más la practiques, más fácilmente vendrá.

Cómo Usar este Libro

Cada capítulo del libro te guía a través de algunos conceptos básicos que se explican a menudo utilizando una historia para ilustrar el concepto. El concepto está diseñado para funcionar en múltiples niveles. Si prefieres conocer la teoría detrás de las acciones, la historia y el concepto te ayudarán a comprender mejor la naturaleza de lo que está pasando, así como su aspecto racional. Para aquellos que prefieren los pasos que llevan a la acción, las secciones de ejercicios de Afirmación, Meditación y

Registro en el Diario, les dirigirán a su gran despertar por medio de retos e introspecciones.

No tienes que hacer mucho para poner en práctica esta semana de cambio. La práctica central de esta semana de transformación requiere que completes tres pasos sencillos:

1. Lee las Afirmaciones Diarias cada Mañana y cada Noche

Cada día de la semana está delineado con los pasos necesarios para el proceso de transformación. Al leer la afirmación y meditar en su significado cada día de la semana, estás implementando una de las etapas de transformación. Al leer la afirmación diaria, trata de mantener tus pensamientos enfocados en el tema de la afirmación durante todo el día.

Lee en voz alta la afirmación del día determinado. Piensa en el significado de cada palabra a medida que lees. Deléitate con las palabras y deja que alcance tu mente y corazón. Unos segundos de silencio y luego vuelve a leer la afirmación. Dos o tres veces al día, detente y trata de recordar esa afirmación lo más que puedas. Vuelve y lee la afirmación para logar una mayor precisión.

¿Qué tan precisa es tu memoria?

¿Qué recuerdas?

¿Qué se te olvidó?

¿Qué no entendiste?

2. Medita sobre el Significado y el Tema de las Afirmaciones cada Mañana y cada Noche

No permitas que ninguna responsabilidad o distracción te aparte de la lectura de tu afirmación. Puedes optar por copiar la afirmación en una hoja de papel y llevarla contigo donde quiera que vayas. Presta atención a tus sentimientos al pensar en lo que acabas de leer. ¿Te sientes lleno de energía y emocionado? ¿Tienes dudas o temores? Escribe tus pensamientos en tu diario (ver próxima sección) y realiza un seguimiento de estos pensamientos y reacciones a lo largo de la semana. No es necesario estar a solas para hacer algo diferente durante la semana de la transformación.

3. Escribe en tu diario cada mañana y cada noche después de tu afirmación y meditación.

Necesitarás llevar un diario para registrar algunas de tus observaciones y pensamientos a lo largo de esta semana de transformación. Un diario puede ser muy útil en la revelación de tus patrones de comportamiento y los temas que puedan proporcionar un mayor conocimiento de tu ser interior.

Puedes seleccionar un bonito cuaderno que te gustaría guardar para recordar esta semana de transformación, pero cualquier cuaderno de notas funcionará igual de bien. Necesitarás por lo menos dos páginas en blanco a diario para cada día de la semana. En el lado izquierdo de tu diario, harás un seguimiento de los acontecimientos que ocurrieron durante el día. Por ejemplo, a las 12 tienes que acelerar tu día por la visita inesperada de un viejo amigo que no habías visto en años.

Aun cuando sientas que nada fuera de lo común ha ocurrido en tu día, trata de mantener un registro de los acontecimientos y las horas en que éstos ocurrieron. En el lado derecho del diario anota cada día los pensamientos que te surgen mientras lees y meditas en cada afirmación diaria. Revisa tu escrito mientras te preparas para ir a dormir:

- ¿Tuviste la oportunidad de leer tu afirmación más de una vez al día?
- ¿Qué estaba pasando cuando estabas leyendo tu afirmación?
- ¿Qué cambios en tus pensamientos y conducta puedes empezar a identificar?

Para empezar la Semana de la Transformación, configura tu horario para asegurarte de que eres capaz de comenzar cada día de la semana con al menos 15 minutos de tranquilidad. Permítete estos minutos de silencio para leer tu afirmación diaria y para meditar en su significado. Trata de visualizar cómo se desarrollará tu día. Proyecta tu día. Visualiza que la gente que te encuentras y todas tus reuniones y tus asuntos, serán un éxito.

Antes de comenzar tu día de trabajo o tu rutina diaria, permítete estos 15 minutos de silencio y meditación. Éste es tu momento para poner en silencio y en calma tu mente. Toma el libro y lee la afirmación de cada día en voz alta. Cierra los ojos y deja que el mensaje penetre en tu mente. Tómate el tiempo para completar tu meditación y después de pasar este tiempo en silencio, lee en voz alta la afirmación por segunda vez. Mientras te preparas para comenzar tu día de trabajo, trata de visualizar que vas a tener un día positivo y afirmar que todas las experiencias y las personas que deseas atraer aparecerán ante ti. Ahora ya estás listo para comenzar el día. Cuando se termine el día y ya estés listo para relajarte, aparta 15 minutos de la tarde para escribir en tu diario los pensamientos y percepciones del día.

Lee la afirmación por última vez en tu diario y piensa en la importancia del tema para tu actividad diaria. ¿Cómo se relaciona el tema con los eventos del día? Repasa los eventos del día y escribe en el diario tus pensamientos y reacciones, en particular en relación con el tema de la afirmación que acabas de leer.

Presta mucha atención a tus pensamientos y reacciones. ¿Qué sentimientos y qué emociones se hacen presentes para ti? Asegúrate de documentarlos en tu diario. Estás disponiéndote a cambiar estos pensamientos y conductas que no te sirven, y este trabajo requiere disciplina y compromiso.

Mantener un registro diario de tu progreso es fundamental para marcar los patrones, a la vez que te muestra el material que está oculto en tu conciencia. Como dije antes, el diario debe organizarse dedicando la página de la izquierda a documentar la información acerca de tu día. La página de la derecha debes reservarla para tus ideas, pensamientos y percepciones. Anota una breve descripción de los eventos del día y presta mucha atención a la descripción de tus pensamientos y sentimientos en relación con esos hechos.

Sé paciente contigo mismo. Ésta es la semana de la investigación y la búsqueda de la consciencia. Vas a observarte a ti mismo como si fueras un extraño, sin apego, sin juicio y sin estar a la defensiva de tus pensamientos y acciones.

Tomar un poco de distancia personal es importante porque las emociones y los sentimientos están estrechamente interconectados con tus acciones y comportamientos. Y de nuevo, al registrarlos en tu diario y sacar de ti las ideas y sentimientos, podrás verlos claramente y aprenderás a evaluarlos y cambiarlos.

Además, el hecho de ser capaz de hacerte preguntas profundas de la vida y responderlas en tu diario, será la evidencia de que tu conciencia está trabajando, de que cada vez eres más consciente, y de que tu vida está cambiando incluso mucho más rápido de lo que crees.

3

Día 1: LA CONCIENCIA
Evaluando tu Vida

"Camarón que se duerme se lo lleva la corriente".
...Abuela Lidia

El destino y la suerte juegan un papel fundamental en las enseñanzas ancestrales. Nuestros padres autóctonos nos enseñaron que cada uno de nosotros nace con talentos y dones únicos, y que nuestro nacimiento ocurre en el tiempo justo para que el mundo pueda beneficiarse más con nuestras contribuciones. La Historia está llena de anécdotas de héroes que trabajaron muy duro para evitar su destino, y en ese proceso justo vinieron a encontrarlo. Edipo, tal vez el ejemplo más famoso, supo que su destino era matar a su padre y casarse con su madre. En el proceso de evitarlo, se escapó de la casa. Luego se enteró que había sido adoptado. Por lo tanto, huir de la que él pensaba que era su casa, en realidad lo envió a enfrentar el destino que estaba tratando tan arduamente evitar.

Al tratar de guiarme en mi propio descubrimiento y seguir mi destino, mi abuela Lidia siempre me alertaba sobre los peligros y riesgos que yo simplemente no veía. En lugar de pensar en sus mensajes, a menudo desestimando sus advertencias y, a veces, incluso haciendo exactamente lo contrario de lo que se me recomendaba, yo trataba probar mi propia superioridad individual y con ello trataba de probarle que estaba equivocada.

Cuando yo era estudiante en la universidad, creía que lo sabía todo, y hoy me avergüenza decir que a veces pensé en mi abuela como una mujer inculta y anticuada. Una de sus constantes advertencias en contra del deseo de tener y acumular, fue:

"La persona que quiere algo, puede ser fácilmente controlada por la promesa de aquel que dice poder cumplirle ese deseo"

...Abuela Lidia

Para alguien como yo, que tenía hambre de alcanzar el éxito más grande, esta advertencia parecía estar en contradicción directa con mi deseo desenfrenado de conquistar el mundo, demostrar mis dones y talentos especiales y satisfacer el hambre insaciable de tenerlo todo. Recuerda, me había había "quedado dormido" a una edad muy temprana. Por fuera, parecía como si estuviera corriendo hacia el éxito. Pero, en verdad, en el interior, en lo profundo de mi alma, yo estaba huyendo de mis miedos de fallarle a la gente; del miedo a no ser querido y del temor de ser una decepción y una vergüenza para los que me conocían. Yo no podía vivir mi verdadero destino, el que mi abuela Lidia estaba tratando de ayudarme a descubrir, porque estaba muy obsesionado con mis miedos, con huir de ellos, así como con dejarlos moldear todo lo que yo hacía.

Aun cuando la fe y el destino juegan un papel crítico en nuestra sabiduría ancestral, siempre tenemos el albedrio... Sin embargo, la única opción verdadera que siempre tenemos es si vamos a decir "sí" o "no" a nuestra trayectoria. A veces decimos que no a nuestro destino y a nuestra fe debido a la ignorancia, creyendo que algo más grande nos espera fuera de los límites del estrecho y angosto camino prescrito para nosotros por la Mente Universal. A veces decimos "no" por orgullo; tal vez porque queremos lo que creemos que es más (aunque nunca lo es, a pesar de las apariencias), creyendo saber más que nuestro destino. En última instancia, todos estamos en un viaje de auto-descubrimiento, y cuando decimos "no" a nuestra trayectoria prevista, lo único que tomamos es una ruta alterna temporal, pero en el proceso siempre aprendemos algo de la vida. Cuando aprendemos la lección, regresamos a nuestra ruta prevista, una vez que obtenemos una mayor comprensión de nosotros mismos y una mayor apreciación de estas rutas alternas, porque llegamos a conocerlas como lecciones preciosas que reafirman esa verdad que tratamos de evitar.

A los 11 años había dejado mi trayectoria. Sucumbí a la idea del éxito y de hacer que la gente me quisiera más. Yo también me había dado por vencido ante el miedo a decepcionar a mi madre y mi familia. Así que hice todo lo posible por correr tan rápido y tan lejos como pude en la vida. Dejé que mi miedo condujera mi vida y me empujara decididamente hacia el mayor éxito posible.

"No todo lo que deslumbra es oro"

...Abuela Lidia

Sin importar cuánto éxito alcanzara, yo seguía llevando una vida dirigida por el miedo, no por el amor y la pasión. Era una ilusión. No tenía sentido de "vocación" o propósito en la vida que no fuera el no parecer un tonto, no fallar y no decepcionar a nadie jamás. Me había quedado dormido en la vida después de haberme dado por vencido por completo ante mis mayores temores. Ya no me impulsaba el amor a la gloriosa criatura que Dios había querido que yo fuera, sino que era manejado por el temor de lo que la gente podría pensar de mí si no me veía bien, hablaba bien o no hacía las cosas bien y exitosamente. Había perdido mi identidad por el miedo al ridículo y el miedo al fracaso. Ya no me importaba quién era realmente, lo único que importaba era lo que la gente pensara de mí. La confianza y el amor le habían dado paso al miedo. Yo mismo había mandado a dormir al pequeño Jorge real por el temor monumental de alguna vez poder decepcionar a alguien.

Aprendí que mi verdadera identidad era una fuente de vergüenza. Cuando otros niños se burlaban de mí por ser diferente; cuando yo pensaba que me convenía comprar el éxito; cuando trabajaba por dinero y el título, y no por mi pasión; cuando permití que otros me controlaran y me juzgaran, me quedé dormido. Me dormí a mi voz interior. Memoricé los acentos y los fragmentos de sonido que venían de los productores de la fama, y en el proceso, perdí la pista de mi propia voz interior.

El proceso del Despertar llegó cuando acepté que las rutas alternas que había tomado me habían traído de vuelta a una inevitable verdad y a una realización. Puedes correr y esconderte, pero no puedes escapar de la realidad de tu vida. Cuando dejamos de correr y reconocemos que el auto-conocimiento y la auto-aceptación nos conducen a un mayor poder y a una mayor paz, dejamos de tener miedo y empezamos a vivir. Finalmente he aprendido a darme permiso para vivir mi vida guiándome por mi voz interior, incluso cuando esto decepcione a los que me rodean. He aprendido que no importa lo duro que trabajemos para complacer a los demás, tal vez nunca podremos satisfacerlos por completo. Tú puedes dar todo lo que tienes y aún así no dar lo que otros quieren o necesitan, y, en consecuencia, nunca tienes el amor, el aprecio, la aprobación o la atención que pensabas que estabas comprando. Cuando vives tu vida guiándote por tu voz interior y permites que la vida guíe tu camino, tal vez puedas decepcionar a los que han tratado de controlarte, pero descubrirás que eres más fuerte y más poderoso de lo que nunca hubieras imaginado.

Toma de Consciencia

El primer paso en el intento de cambiar los pensamientos y patrones de comportamiento no saludables, es simplemente el tomar consciencia de nuestros sentimientos y reacciones. No nacemos con la capacidad de poder hablar de nuestras emociones. Por el contrario, cuando éramos niños y mostrábamos nuestras emociones a menudo se nos hacía sentir avergonzados o débiles. La expresión de las emociones es una habilidad que tenemos que aprender.

La mayor parte del tiempo pasamos por la vida en gran medida sin darnos cuenta. Al pasar tiempo con los amigos, nuestras mentes están generalmente vagando y pensando en los propios problemas y preocupaciones. Nuestra adicción al dolor y el miedo tiene el efecto no sólo de bloquear nuestra felicidad, sino también de distorsionar nuestra capacidad de luchar más allá de nuestra zona de comodidad.

Nos hemos acostumbrado a ver la vida desde la perspectiva de un participante involuntario y contrariado. Venimos a ver la vida desde una perspectiva crítica, siempre en busca de las imperfecciones, criticando y haciendo hincapié en lo que no tenemos, lo que está mal y lo que falta en nuestras vidas. Comparamos nuestras vidas con las de los ricos y famosos, esa gente aparentemente fabulosa que parece tenerlo todo sin ningún tipo de preocupación en el mundo. Nos esforzamos por vivir la misma vida, olvidando que tales fantasías están diseñadas sólo para aumentar nuestra hambre de consumo. Cuánto más consumimos, más queremos; cuánto más queremos, más grande es el vacío que sentimos.

El primer paso para cambiar nuestros patrones fijos es llegar a ser conscientes aun de lo que tenemos. Tenemos que reconocer que ciertos patrones se han reforzado hasta el punto que se pueden activar de forma automática. A veces, cuando estamos conduciendo por una calle conocida nos olvidamos de concentrarnos en hacia dónde vamos. No nos damos cuenta de si cruzamos una luz verde, pero suponemos que lo hicimos porque todo parece estar bien. Es como si estuviésemos conduciendo con el piloto automático.

Las experiencias dolorosas y los miedos se pueden llevarse durante años y pueden ocultarse en el mismo tejido de nuestros músculos. Nuestros cuerpos se aferran a los recuerdos dolorosos que llevamos justo en cada célula de nuestro cuerpo. Tendemos a reaccionar aferrándonos a estas respuestas "instantáneas" para percibir el dolor. Tan constante tensión causa que nos fatiguemos mentalmente y nos enfermemos físicamente. La tensión constante hace que reaccionemos de manera impulsiva e incorregible.

De qué Forma el Dolor nos Hace Rígidos

La sensación de dolor tiene en efecto, un propósito en nuestras vidas. El dolor puede protegernos cuando nos muestra el peligro. Sin embargo, experimentar dolor tras dolor nos lleva a creer que el dolor y el miedo son nuestra realidad central. Con el tiempo nos posesionamos de estas creencias y las grabamos en el disco duro de nuestra mente hasta el punto de que ni siquiera podemos estar conscientes de que estas mismas existan.

Entretanto, nos alejamos de lo que verdaderamente somos. Nuestras vidas se caracterizan por la confusión, la angustia y la desconfianza.

"Dios aprieta, pero no ahorca"
...Abuela Lidia

Piensa en el momento en el que fuiste herido, intencionalmente o por accidente. ¿Qué enseñanza te dejó esta experiencia? ¿Qué es lo que empiezas a creer de ti mismo y de otros como resultado de esta experiencia?

No sería raro que te encontraras alejándote de los demás al mostrarte más cauto y en guardia para que no te lastimen de nuevo. Crees que esta respuesta es una forma de protegerte contra el dolor en el futuro. Sin embargo, con el tiempo, estas creencias realmente no te protegen o no satisfacen tus necesidades como pudieses pensar, sino todo lo contrario. La energía de tu pensamiento se dirige hacia fuera como una onda de radio. Envías una frecuencia que permite a los que te rodean saber exactamente cómo te sientes. Pronto, los otros comienzan a distanciarse de ti, e incluso te maltratan. Sin darte cuenta, has creado distancia entre ti y los demás. Tienes un deseo creciente de protegerte a ti mismo y, al mismo tiempo, todavía sientes un deseo fuerte y sincero de tener cercanía e intimidad.

Creamos nuestro sufrimiento al amplificar todo lo que está mal en nuestras vidas. Si hemos sufrido un gran dolor, podemos pasar gran parte de nuestro tiempo y energía recordando nuestro gran sufrimiento y pensando en las personas que nos han hecho daño. Cuanto más pensamos en lo mucho que hemos sufrido, más sufrimiento atraemos, hasta llegar al punto en que nuestros pensamientos sobre el sufrimiento y el dolor bloquean nuestra capacidad de percibir cualquier otra realidad.

La exposición continua al sufrimiento y al dolor crea una tendencia a ver la vida desde la experiencia dolorosa. Debido a que estás sufriendo, puedes llegar a creer que no eres digno de la felicidad, o que eres malo o menos que los demás, incapaz, feo, gordo, tonto ..., y la lista sigue y sigue. Puedes aferrarte a estas falsas creencias hasta que éstas determinen todo lo que percibes. En poco tiempo, es como si estuvieras usando lentes oscuros y llegaras a creer que el mundo entero está envuelto en la oscuridad. Todo lo que eres capaz de ver es visible a través de la lente del sufrimiento, la carencia y la limitación. Pero estos lentes no se han fijado de manera permanente en nuestra cara. Nos los podemos quitar. De la misma manera, ninguna cantidad de información equivocada o falsas enseñanzas pueden afectarte para siempre. Tienes el poder de cambiar tus pensamientos y tus experiencias dolorosas. Puedes desbloquear los acontecimientos y recuerdos dolorosos de tu mente y liberar la energía necesaria para vivir una vida de gozo y satisfacción.

Primero, tienes que determinar cómo y dónde estás atascado. Recuerda que nos quedamos atascados cuando nos aferramos tanto a las experiencias dolorosas como a las placenteras.

Abajo encontrarás los ejercicios para el Día 1, que pueden ayudarte a determinar patrones ocultos de comportamiento que seguramente te están bloqueando el éxito y la felicidad verdadera. Además, te ayudarán a determinar dónde estás atrapado; los ejercicios de hoy te ayudarán a comenzar a salir del atolladero. ¿Estás espertando? ¿Va tu cambio de vida en la dirección que tu alma desea? La mejor persona para juzgar si tú estás cambiando o no, eres tú mismo.

Día Uno

Tarea: Cómo Configurar el Punto de Partida

1. AFIRMACIÓN

Comprensión General de las Afirmaciones

En el momento en que te encuentres identificando una falsa enseñanza, sustitúyela con una afirmación. Una afirmación es la declaración de una verdad. A modo de ejemplo, es posible que te sorprendas a ti mismo considerando una falsa noción, como: "Soy muy tonto". A pesar de que una parte profunda sabe que esto no es una declaración verdadera, estás considerando el pensamiento y permitiendo que te arrastre. Si te estás viendo atrapado por este pensamiento negativo, detente inmediatamente. En ese preciso momento sustituye el pensamiento negativo con una afirmación como "Comparto la inteligencia divina y la mente que creó todas las cosas, por lo tanto, no puedo ser sino brillante".

Al declarar o afirmar lo que es cierto, puedes atravesar las sombras de la duda y el miedo. Hablando con verdad, las mentiras comienzan a desaparecer hasta que estés libre y sin la carga de las falsas creencias que han limitado tu verdadero potencial. En un instante, la confusión se levanta y comienzas a sentirte más ligero al recordar tu verdadera grandeza. Si has sufrido mucho en el pasado, puede que necesites practicar más y ser paciente para poder deshacerte de las falsas creencias.

Si practicas diariamente, sin duda serás capaz de obtener los resultados que buscas. No te dejes distraer por las demandas de los días con muchas actividades. No permitas que ninguna excusa distraiga tu atención de tu compromiso de ser consciente.

Centrarte en ti mismo no te hace egoísta. De hecho, nada es más importante que tu felicidad, y la mejor manera de ayudar a los demás, es primero asegurarte de que te haces feliz a ti mismo. Si eres una persona normalmente "dadivosa" o "complaciente con los demás", es probable que tengas muuuuucho por recorrer antes de que puedas considerarte razonablemente egoísta. Si el egoísmo y el sacrificio en favor de los demás forman parte de un *continum*, pues entonces muchas personas a las que doy consulta están muy cargadas hacia el lado del auto sacrificio... y siempre dicen "Yo no importo", "Todo el mundo es más importante," y "Sólo quiero que los demás sean felices". Si éste eres tú, probablemente necesitarás una buena dosis de amor propio y atención a tu persona antes de que siquiera te consideres estar en un estado de equilibrio entre el amor propio y la atención hacia los demás.

Si sientes que siempre estás dando y otros son siempre los que reciben de ti, lo más probable es que llegues a sentir resentimiento. Este sentimiento debe actuar como una bandera roja. La gente puede dar ya sea a partir de su "abundancia" o a partir de su sentido de carencia y limitación. Las personas que dan a partir de su abundancia, tienden a sentirse ligeros y felices cuando dan. Dan porque tienen más que suficiente para ellos y desean compartir su buena fortuna con los demás. Las personas que dan lo que no tienen, sienten resentimiento porque no reconocen que están dando específicamente para recibir algo que sienten que les falta.

Por ejemplo, algunas personas son capaces de cubrir los gastos financieros de su pareja, ya que sólo quieren que su pareja los ame a cambio. Esto no es dar desde la abundancia, sino al contrario. Una persona que da dinero esperando recibir amor, se encuentra con que se aprovechan de ella. Si te sientes infeliz, de hecho, tu infelicidad en la vida está directamente relacionada con la creencia de que tú no importas para nada. Y es probable que dejes a los demás creer que complacerlos es más importante para ti que tener ese sentido de amor propio o cuidado hacia tu persona. NECESITAS traer más amor a tu propia vida. Tú NECESITAS amarte a ti mismo. ¡Ya es tiempo! Porque sólo cuando tú te des más amor, experimentarás por fin la verdadera alegría en tu vida.

Cada capítulo termina con una afirmación y el ejercicio diario. Sin embargo, antes de iniciar tu semana de afirmaciones, asegúrate de que hayas leído los capítulos 1 y 2 de este libro y hayas preparado tu diario con un lado para hacer el registro de tu día y otro para que describas tus pensamientos y percepciones a lo largo de esta semana. Ahora que te has familiarizado con los siete pasos necesarios para cambiar una secuencia de pensamiento y/o comportamiento, estás listo para comenzar la semana y atraer la afirmación asignada a cada día.

Tarea: Conciencia
Tema: El Comienzo de una Nueva Vida

Hoy, el pasado se desliza lejos y una nueva e infinita consciencia emerge. Me despierto a la realización de mi verdadero ser interior como un poderoso co-creador de mi realidad. Libero todo apego al pasado, el dolor y el sufrimiento. Me sintonizo con mi verdad interior, reconociéndola en mi vida, como una fuerza poderosa en la creación. Dejo ir los pensamientos limitantes y suspendo todas las dudas. Reconozco que soy más fuerte de lo que yo había imaginado. Aunque mis ojos no pueden todavía ser capaces de ver lo que mi corazón ya percibe, confío en que mi buena suerte me está esperando. Hoy en día, soy capaz de ver más allá de mi dolor, miedo y sufrimiento. Más allá de toda duda, yo soy capaz de ver dentro de mi ser verdadero, y reconozco este ser verdadero como la unión con el eterno origen del amor y la creación. En este descubrimiento y a través de esta afirmación, estoy renovado.

2. MEDITACIÓN

Profundizando: Lineamientos Generales para la Meditación

Antes de empezar, encuentra un lugar sagrado. Un lugar sagrado es un espacio tranquilo en el que nadie puede molestarte. Este es tu espacio. En este lugar sagrado no hay teléfonos, ni niños, ni distracciones o demandas que exijan tu atención. Si tu casa está llena de actividad y no puedes encontrar un lugar tranquilo, sal a la calle o ve a tu coche, pero encuentra un lugar personal y tranquilo donde puedas ser capaz de permanecer sentado durante quince minutos.

Encuentra una silla cómoda o un lugar para sentarte y acomodarte. Asegúrate de que tus pies estén firmemente plantados en el suelo. Toma por lo menos tres respiraciones profundas, inhalando por la nariz y exhalando por la boca. Lee la Afirmación del día en voz alta. Permite a las palabras llenar tus oídos y descansar en tu corazón. Cierra los ojos y toma otra respiración profunda al mismo tiempo que permites que se asienten esas palabras. Abre los ojos y lee la afirmación en voz alta una vez más.

Siéntate con la espalda recta. Imagina que hay una cuerda atada a tu cabeza que te está levantando. Te encuentras sólido y firme, como una montaña. Coloca tus manos con la palma hacia arriba, como si estuvieras listo para recibir todos los beneficios que el Universo tiene para ti. Toma una respiración profunda, tan profunda como sea posible. Llena tus pulmones y el estómago de aire. Respira por la nariz. Imagínate que estás respirando toda la bondad, la alegría y la paz que te esperan. Una vez que hayas llenado tu pecho y el estómago de aire, trata de mantenerte así durante diez segundos. Libera la respiración por la boca. A medida que liberes tu respiración, imagina que estás dejando de lado todo lo oscuro y doloroso. Relaja tu cuerpo completamente. Empieza por la parte superior de tu cabeza hasta llegar a los dedos del pie. Relaja los músculos de tu cara. Relaja el cuello y los hombros. Relaja tu estómago y la espalda. Relaja los brazos y las manos. Siente tus glúteos y la espalda apoyadas contra la silla. Relaja las piernas y los muslos. Siente tus pies firmemente plantados en el suelo.

Mantén tu mente libre de cualquier pensamiento. Al principio, puede que te resulte difícil mantener la mente clara, pero no te rindas. Si tienes problemas para mantener tu mente clara, concéntrate en tu respiración. Siente el aire que acaricia tus fosas nasales al tiempo que tus pulmones se llenan de aire. Al exhalar, concéntrate en el aire que acaricia tus labios al salir. Si necesitas mantener la mente ocupada, puedes contar tus respiraciones. Si un pensamiento entra en su mente, no te desanimes. Reconoce el pensamiento y déjelo ir. Luego vuelve a tu estado de claridad mental. Practica esta meditación en silencio durante 15 minutos, dos veces al día. Si al principio no puedes aquietarte por 15 minutos, haz lo que puedas hasta que puedas lograrlo por completo.

3. La Práctica de Escribir en el Diario

¿Estás despertando? ¿Está tu vida cambiando en la dirección del deseo de tu alma? La mejor persona para juzgar si estás cambiando o no eres tú mismo. Es importante que tomes suficiente distancia de tu propia historia para poder ver los patrones de pensamiento y comportamiento que no has percibido en el pasado porque has estado muy apegado a tu propia historia.

En el pasado, tus reacciones y el apego a tu propia versión de la historia de tu vida te han dado cierta recompensa por pensar y comportarte como lo hiciste, pero el comportamiento recompensado deja de servir a su propósito y se convierte en un obstáculo para el logro de un mayor crecimiento. Con el tiempo, estos pensamientos y comportamientos se vuelven tan rígidos que no permiten que surjan nuevas ideas. Tienes que estar dispuesto a hacerte preguntas difíciles. También debes tener el coraje de responder a las preguntas difíciles con honestidad y sin apego a las emociones y sentimientos que surgen de tus respuestas sinceras. Y la única manera de hacerlo es a través de las preguntas que te hagas a ti mismo y que contestes con honestidad.

El ejercicio de escribir en el diario que se indica al final de cada capítulo te provee de preguntas para reflexionar y contestar. Debes reiterarte que no es suficiente sólo pensar en estas preguntas y respuestas, sino que efectivamente tienes qué escribirlas, así como también escribir lo que piensas acerca de esas respuestas. Con sólo sacar los pensamientos de tu cabeza lograrás, en efecto, ver y evaluar lo que realmente piensas y crees. En cambio, mientras tus pensamientos, preocupaciones, sueños y temores permanezcan en tu cabeza, éstos seguirán siendo un embrollo confuso y abrumador que sólo aumentará tu frustración e infelicidad. La razón por la cual la gente busca la orientación de un terapeuta o psicólogo, es porque pueden obtener cierto sentido de perspectiva y lograr distanciarse de su propia historia, que es precisamente lo que se hace al escribir un diario. Se trata de una terapia por la que no tienes qué pagar.

A. Cómo Encontrar lo que te Bloquea

En tu diario, escribe tus respuestas a las preguntas lo mejor que puedas. Incluso si no sabes la respuesta exacta, es bueno que escribas lo que pudieran ser las respuestas; luego ver, desde tu interior, cual de ellas consideras sea la más correcta. La mayoría de las veces, ésa es la respuesta más apegada a lo que tú eres. De nuevo, el objetivo es comenzar a aprender a escuchar tu propia voz, y la mejor forma de hacerlo no es al escuchar *per se*, sino "saber" si algo se siente bien y se siente como verdad. Es importante hacer retroceder a todas las voces que traes en la cabeza (las de los amigos, familiares, sacerdotes, maestros, etc.), que quieren decirte cómo debes vivir tu vida, y empezar a sentir en verdad de lo que realmente eres y cómo quieres vivir tu vida. Esto se hace permitiendo que lo que se siente salga desde lo más profundo.

1. ¿Sientes que estás viviendo tu vida a tu máximo potencial?

2. Si no, ¿sabes qué impide tu crecimiento?

3. Si no sabes lo que lo que te está bloqueando o limitándote, toma un momento y observa las reacciones en tu cuerpo.

Luego, pregúntate:

    a. ¿Qué es lo que me está bloqueando?

    b. Cierra los ojos y centra toda tu atención en tu cuerpo. ¿Hay un lugar en tu cuerpo donde se siente la tensión o la presión?
    Tal vez tu estómago se siente molesto o tus hombros están tensos. Ahora pregúntate si la tensión o la ansiedad te recuerdan alguna experiencia pasada.

    c. Si es así, escribe la experiencia en tu diario. Aunque puede ser que la tensión de tu cuerpo no esté conectada automáticamente a una emoción bloqueada o a una barrera, a medida que escribas tus experiencias comenzarás a relacionar otras conexiones con otros acontecimientos y experiencias que han sucedido en tu vida. Si no eres capaz de identificar de inmediato lo que te está bloqueando, no te desesperes; habrá mucho tiempo para identificar estos patrones en la medida en que avances a través de los diversos ejercicios del libro. Ya has comenzado tu búsqueda y has abierto la puerta a tu conciencia interior. Una vez que esta puerta se abre, no puedes volver a cerrarla. Comenzarás a ver que los recuerdos y eventos cada vez se harán más evidentes y empezarás a ver cómo surgen otros patrones.

B. Estableciendo un Punto de Referencia

Para que sepas si tus esfuerzos están dando sus frutos, debes tener alguna manera de medir el cambio. Para medir el progreso debes tener al menos dos puntos para evaluar, como un principio y un fin, o un antes y un después. Antes de empezar a trabajar en la Semana de la Transformación, es necesario establecer un punto de referencia para que seas capaz de medir el crecimiento y el progreso al final de la semana. Un punto de referencia comienza con una evaluación de tu situación actual. Al final de la semana, realizarás una segunda medición; después compara esa medida con la primera para ver cuánto has crecido. Después de completar la Semana del Despertar, puedes seguir aplicando los ejercicios en las semanas subsiguientes con el fin de expandir tu crecimiento. Asegúrate de establecer siempre el punto de referencia (un examen previo) y evaluar tu progreso al final del tiempo asignado para ello.

Los psicólogos prefieren usar una herramienta muy sencilla llamada "Escala de Likert," porque es fácil de entender y usar. A continuación se muestra un ejemplo de una escala de Likert:

1-2-3 - 4-5-6-7-8-9-10

Mínimo /Poco   Mucho/Máximo

Calificar una pregunta en particular con un 1 significa que no estás satisfecho en absoluto. Un 10 significa que estás muy satisfecho con lo que se refiere a esa pregunta en particular. Por lo tanto, cuando se te presente una pregunta o una afirmación, asígnate una clasificación que describa cómo te sientes en ese momento. Anota este número en tu diario y déjalo así hasta el final de la semana, cuando vuelvas a evaluar tu progreso. Al hacer esto, has establecido tu "punto de referencia". Este número de referencia te servirá como una medida "inicial".

Al final de la semana, cuando hayas completado tu programa, regresarás a la calificación "inicial" y volverás a evaluarte para determinar tu puntuación "posterior" y por consiguiente, obtendrás el progreso que has logrado durante la semana. Copia las siguientes preguntas en la primera y última página de tu diario.

Cuestionario para la Evaluación

(Preguntas precedidas por un número. Responder de acuerdo con la escala de Likert. Para las preguntas precedidas por una letra, escribir la respuesta como ejercicio en tu diario).

1. ¿Me preocupo por mi mente? (Responder utilizando la escala de Likert)

    a. ¿De qué manera puedo cuidar mejor mi mente? (Utilizar el diario)

2. ¿Me preocupo por mi cuerpo? (Likert)

    a. ¿De qué manera puedo cuidar mejorar mi cuerpo? (Diario)

3. ¿Me preocupo por mi espíritu?

    a. ¿De qué manera puedo cuidar mejor mi espíritu, mi sentido de amor propio?

4. ¿Estoy contento y feliz con la vida que tengo actualmente?

a. ¿Qué pequeño cambio me encantaría hacer de forma permanente en mi vida?

b. ¿Cuál es la mayor cosa que quiero cambiar en mi vida?

c. ¿Cuáles son las 10 cosas, personas, lugares o experiencias que sé que no quiero en mi vida nunca más? En otras palabras, ¿cuáles son las fuentes de energía negativa en mi vida que sé que debo eliminar o alejar de mí, si alguna vez descubro lo que me hace feliz?

5. ¿Estoy seguro de que estoy viviendo mi único propósito y mi potencial?

   a. ¿Cuál creo que sea mi verdadero propósito en la vida?

   b. Si no lo sé, ¿puedo permitirme especular y preguntarme cuál podría ser? ¿Cuáles son las tres cosas que he pensado muchas veces me daría una gran alegría seguir haciéndolas?

   c. ¿Qué cosas podría hacer para traer mayor alegría a mi vida?

   d. ¿Tengo el coraje de comenzar a vivir una nueva vida haciendo lo que me gusta hacer, sabiendo que lo que me gusta hacer está de acuerdo con el propósito de mi vida?

6. ¿Sé lo que necesito hacer para lograr los cambios necesarios en mi vida?

    a. ¿Qué necesito tener, hacer o decir para cambiar mi vida AHORA?

7. ¿En lugar de sentarme y esperar a que ocurra un cambio, estoy haciendo todo lo posible para implementar el cambio que quiero ver?

    a. Si no es así, ¿qué me está reteniendo?

    b. ¿A qué le tengo miedo?

    c. ¿Tengo el coraje de caminar más allá de mi miedo?

    d. ¿Quiero una NUEVA vida y NUEVA alegría tan intensamente que estoy dispuesto a enfrentar lo que más temo, y luego caminar a través de mis miedos, aun cuando mis rodillas tiemblen?

Para profundizar

Escribe en tu diario las siguientes preguntas y sus respectivas respuestas:

1. ¿Qué te sorprendió de los ejercicios anteriores en tu diario?

    a. ¿Por qué te sorprendiste?

2. ¿Qué parte de los ejercicios que hiciste en tu diario te gustó?

3. A veces las preguntas dan lugar a nuevas preguntas. ¿Qué otras

preguntas vinieron a ti y cómo respondiste a éstas al escribir en el diario? Tómate el tiempo para escribir las preguntas de nuevo, especulando y jugando con las posibles respuestas. No te esmeres en ser exacto. Entre más hagas pequeños ajustes, irás sintiendo que la respuesta es más verdadera para ti.

Comentario sobre la Utilización del Diario

A veces el uso del diario parece una tontería, o incluso algo sin sentido. Puedes pensar que, "son sólo palabras en papel. ¿Para qué es bueno el diario?". Al responder por escrito preguntas sobre nosotros mismos, tenemos la habilidad de observar nuestras respuestas y, por tanto, a nosotros mismos de forma objetiva. Es como mirar la radiografía de una fractura en la pierna, en lugar de sólo ver que está quebrada e imaginarnos lo que podría estar mal. El diario nos ayuda a ver nuestros problemas desde afuera, y ver lo que realmente está pasando. Y, con más y más frecuencia de lo que pudiese pensarse, el sólo ver profundamente nuestros propios problemas, nos da la capacidad de cambiar nuestras vidas. Es algo que cuando se hace, realmente es muy poderoso.

Tal vez suene a una locura, pero es la verdad. Somos seres poderosos, divinos, y a menudo nos distraemos por nuestros miedos, nuestras inseguridades y los dolores que hemos padecido. El solo hecho de ver quiénes somos realmente puede tener un efecto poderosamente transformador en nuestras vidas y actitudes. Llevar un diario tiene el efecto de convertirnos en médicos de nosotros mismos, y es algo tan sencillo. No tienes que ser un gran escritor, ya que solo tú eres quien tendrá necesidad de ver alguna vez tu diario. Éste es sólo una herramienta para ayudarte a entenderte mejor a ti mismo.

4

Día 2: IDENTIFICACIÓN
Poniéndole Nombre a tus Monstruos

*"¿Eres...o te haces?"*3
...Abuela Lidia

El segundo paso en tu intento por cambiar los patrones no saludables, es que seas capaz de poner un nombre a lo que te asusta o a lo que te limita. Mucho se gana al ser capaz de identificar y romper patrones limitantes como el miedo y el dolor que siguen reapareciendo en nuestras vidas.

Nuestros antepasados indígenas creían que el camino de la vida y la obtención de la siempre creciente consciencia, representaba un viaje eterno del alma, que se va dando en ciclos predecibles y contables. Mediante la observación de los ritmos naturales podemos ver que la vida se va presentando en ciclos. Al aprender a observar los ciclos de la naturaleza nos damos cuenta que la mejor época para plantar es la primavera, y que la cosecha llega en el otoño. Medimos la vida en ciclos predecibles que resultan ser largos o cortos. Una hora es un ciclo de medida en 60 minutos, mientras que al año se mide en 365 días.

El mismo método se puede aplicar para identificar patrones de pensamientos y comportamientos dañinos en nuestras vidas. Muy a menudo no somos conscientes de que estamos alimentando y manteniendo estos patrones limitantes y perjudiciales porque estamos demasiado absortos viviendo con ellos. Tendemos tanto a enmadejarnos en el dolor y el drama de nuestras vidas, que perdemos la perspectiva y la capacidad de ver con objetividad. Como dice el refrán, "No se puede ver el bosque desde los árboles."

Tendemos a ligarnos y a envolvernos en nuestra versión de la realidad y en nuestras historias de dolor y daño. Construimos estas historias personales para definir nuestra existencia, no importa cuán limitantes y perjudiciales puedan. Nuestros egos vienen a enredarse en el drama de nuestras vidas. A medida que nos dejamos arrastrar por éstas, nos volvemos incapaces de darnos cuenta de los patrones que estamos inventando. Esto es lo que significa caer en el sueño y perder control de un consciente y deliberado modo de vida que fluye desde nuestro centro, y es fuente de nuestra fortaleza. Cuando aprendes a dar un paso atrás y ver tu vida con desapego y curiosidad, podrás ver cómo es que han surgido estos patrones. Sabes que finalmente estás viviendo deliberadamente cuando ves los patrones que has recreado. Una vez que aprendas a identificar estos modos de conducta, puedes crear un plan de acción.

Cinco Palmeras

A lo largo de la entrada de mi casa he plantado cinco árboles de palma. Tres de estas palmas han crecido fuertes y altas, mientras que las otras dos han sido sofocadas por unas "glorias de la mañana" que se han encaramado alrededor de los troncos. El año pasado tuve la oportunidad de cortarlas tratando de liberarlas de la asfixia que les pudieran provocar estas enredaderas. Hoy en día, las dos palmas se ven más altas que el año pasado, pero todavía no son tan altas como las tres primeras que crecieron libremente. Al igual que las palmeras, nuestro dolor y sufrimiento a veces se encaraman alrededor de nuestras almas (*tonalli*) y comienzan a limitar nuestro potencial de crecimiento.

Nuestras mentes están constantemente calculando y haciendo suposiciones e interpretaciones sobre lo que está sucediendo a nuestro alrededor. Podemos juzgar si le gustamos a alguien basándonos en nuestros recuerdos, percepciones y emociones. Formamos impresiones y hacemos predicciones sobre el futuro basados en nuestras experiencias del pasado. Estamos constantemente proyectando e interpretando mensajes desde nuestro entorno que construimos por medio de experiencias, emociones y recuerdos que hemos vivido. Sin embargo, nuestras percepciones están limitadas por nuestras experiencias individuales de la realidad. No podemos percibir otra perspectiva de la misma, porque no tenemos otra experiencia de vida que no sea la nuestra. Porque todavía estamos pensando y tratando de entender porqué y cómo fue que sufrimos tanto, a todos y a todo, lo percibimos a través de nuestro dolor pasado. De repente pareciera que no hemos escapado, evolucionado o cambiado, porque solo vemos dolor. Las experiencias de dolor, limitación y sufrimiento de un pasado lejano puede ser reintroducido en nuestras vidas sin nuestro conocimiento consciente. Estas experiencias son como la asfixia de mis palmeras. Nos mantienen alejados de nuestro crecimiento, y nos impiden vivir nuestro destino.

Por ahora, he vivido lo suficiente para notar patrones repetitivos y ciclos que se producen en mi propia vida. He aprendido a romper estos patrones limitantes para librarme de su control. Yo no soy ni la persona más inteligente, ni soy el mejor alumno en el mundo. Mi experiencia personal ha estado marcada por un gran éxito, pero también por muchas dificultades y fracasos. Mi propósito al incluir mis propias experiencias en cada capítulo, es hacerte saber que yo también he estado ahí donde tú estás. He vivido la mentira, la vida falsa. Yo sé lo que es vivir en un largo letargo de incumplimiento, persiguiendo sueños y cosas que no tuvieron nada qué ver conmigo. ¡CONOZCO ESA VIDA! Y también sé lo que se siente el ¡DESPERTAR! El propósito de este libro es compartir contigo mi propio camino de iluminación , y a través de una experiencia clínica y personal, te verás guiado a continuar con tu propio camino.

De muchas maneras he aprendido mucho más de mis errores que de mis éxitos. He desarrollado el proceso que se describe en este libro como resultado de mi trabajo personal y profesional, y de las experiencias que he recogido a lo largo del camino. Sigo personalmente la práctica de este enfoque y también enseño este método a mis pacientes.

Si te sientes atrapado y desanimado, yo sé que este método te ayudará a romper las barreras percibidas y los ciclos que te limitan. La simple fórmula que se muestra en este libro será fundamental para ayudarte a DESPERTAR a tu verdadero potencial y a tu mayor alegría. Vive tu vida y conviértete en la persona que quieres ser.

> *"No te dejes arrastrar ni por los buenos, ni por los malos,*
> *que mañana cambian de lugar"*
> *...Abuela Lidia*

Inteligencia Emocional

Una vez que te des cuenta que te estás enredando en pensamientos y patrones de comportamiento no saludables, el segundo paso que tienes que dar en este proceso de Despertar, es desarrollar un vocabulario adecuado para describir con precisión lo que te está pasando. El desarrollo del vocabulario necesario para expresar con precisión los sentimientos, se llama inteligencia emocional.

El ser capaz de describir de manera adecuada y definir nuestras reacciones emocionales, no es una habilidad con la que se nace. Por el contrario, en muchas sociedades, a los niños se les enseña que expresar las emociones es un signo de debilidad y "sentimentalismo". A las niñas se les enseña que las emociones que expresan las hacen histéricas o demasiado vulnerables. Lo que no nos damos cuenta, es que al enseñar a los niños a no apreciar y expresar sus emociones, en realidad les estamos haciendo que disminuyan su capacidad de sobrevivir, adaptarse y encontrar la verdadera felicidad.

Posiblemente, cuando fuiste creciendo, se te iba enseñado a guardar el dolor para ti mismo; a no llorar o expresar debilidad. Como resultado de ello, con el tiempo, podrías haber desarrollado un cierto entumecimiento emocional. Por ejemplo, pudiste haber experimentado un sentimiento general de que algo estaba mal, pero tal vez nunca se desarrolló el vocabulario emocional para expresar lo que te estaba sucediendo. Sin la etiqueta adecuada, nuestra experiencia puede esconderse y encontrarse con otras emociones negativas. Estas negativas emociones se quedan suspendidas y aglutinadas; un desorden enfermizo de dolor. No etiquetamos estas sutiles y diversas emociones porque tenemos miedo de tenerlas cerca a nosotros. Tenemos miedo de acercarnos tanto porque podríamos ser absorbidos por ellas y no ser capaces de sobrevivir a su atracción. Rápidamente lo único que sabes es que te sientes mal, pero no puedes ser capaz de distinguir la diferencia entre los sentimientos de tristeza, dolor, traición, etc. Lo que sabemos con certeza es que nos sentimos mal de todo esto.

"No hay mal que dure para siempre".

...Abuela Lidia

Aprender a poner "nombres" a tus monstruos es un paso crítico hacia la posibilidad de combatir y derrotarlos. Tus palabras son muy poderosas. Ellas tienen la habilidad de manifestar lo que se ha pensado, así como para destruir lo que no es cierto. Cuando aprendes a etiquetar correctamente tus experiencias emocionales, puedes desarrollar la capacidad de distanciarte o alejarte de tus emociones. Puedes decir por ejemplo: "Traigo una sensación de tristeza ahora mismo". Esta es una reacción más útil que la de sólo sentirte triste. ("Estoy triste" significa, básicamente, que crees ser triste, en vez de decir que estás EXPERIMENTANDO tristeza . Es decir, la tristeza no es mi identidad, sino sólo una experiencia de vida que pronto pasará). Al tener emocionalmente cierto distanciamiento, no sentirás que la tristeza te sucumbe. Pronto, con el poder de las etiquetas y los nombres, sabrás que tus emociones no te definen. Pueden aparecer emociones y sentimientos dolorosos, y los alegres pueden alejarse, así de fácil. Estas emociones transitorias de ninguna manera definen tu verdadera identidad. Tú no estás definido por las cicatrices que muestras y ninguna persona de tu pasado tiene la capacidad de definirte.

    Aprender a etiquetar correctamente tus reacciones emocionales te permite disfrutar del dominio y control sobre ellas. No quieres llegar a ser un robot sin sentimientos y emociones. Eso le quitaría gran parte de la belleza, el sabor y la complejidad a la vida. Pero tampoco tienes que ser arrastrado por tus emociones. Al aprender a etiquetar correctamente lo que te está limitando o haciendo daño, puedes optar por no apegarte a lo que reconoces como un momento pasajero, y puedes empezar a desarrollar un plan de acción para combatir el dolor y las barreras que impiden un mayor crecimiento.

Al observar la realidad tal como se va presentando, nos volvemos más capaces de entender todo lo que está ocurriendo. Al permanecer centrado en el aquí y ahora, te vuelves más consciente de las funciones de tu cuerpo, tu respiración y tus sensaciones físicas. Esto aumenta tu consciencia y por lo tanto tu sabiduría. Practicar la atención plena es muy fácil. Sólo tienes que mantener la atención centrada en el conocimiento y sin poner obstáculos. Cuando sientas que tus pensamientos te distraen, empieza a contar tus respiraciones y regresarás al punto de enfoque. Al permanecer centrado en el presente, ya sea concentrándose en tu respiración o en el mantenimiento de una mente clara, aprenderás a bajar la intensidad a los demás sentimientos y pensamientos intrusos. El resultado es una mente clara, sin los obstáculos que provoca el ruido de lo irrelevante, irracional e irritante, que no aportan nada a tu crecimiento.

Ya hemos aprendido que muchas de nuestras experiencias pueden ocurrir justo por debajo del nivel de nuestra consciencia. De hecho, la mayoría de nuestras experiencias ocurren a un nivel subconsciente. Practicar la atención plena puede ayudarte a experimentar con tus sentimientos a medida que estos se presentan;

así podrás etiquetar adecuadamente estas experiencias y reconocer lo que las provoca. La práctica consciente puede permitirte que te veas a ti mismo como realmente eres. Al aprender a estar presente en el momento puedes comenzar a concentrarte hacia el interior, prestando atención a la tensión muscular, como ésta se está expresando en tu cuerpo.

    La consciencia plena te permite enfocar tu atención en la respiración, así puedes ver cómo ésta cambia en distintas situaciones emocionales. Al experimentar la tensión y la ansiedad ¿notas que tu respiración se hace menos profunda o complicada? Tu cuerpo y tu respiración tienen un lenguaje silencioso que puede revelarte cosas importantes de tu interior en la medida en que vas prestando atención a ello.

Aprende a Desempacar tus Emociones

Tendemos a "empacar" nuestras experiencias de dolor y tristeza en una maleta emocional en la que estos sentimientos se mezclan con otras experiencias negativas que hemos mantenido durante los últimos años. Pronto, la maleta emocional se vuelve demasiado pesada de llevar y, sin embargo, no podemos (o no queremos) ver qué es lo que la hace pesada. Aprender a etiquetar los diferentes elementos de tu bagaje emocional puede ayudarte a determinar qué es lo que quieres guardar y qué quieres tirar para que tu carga sea mucho más ligera. Hoy en día, así como las aerolíneas están cobrando por cada bolsa que llevas, así hay un cobro por el exceso de carga emocional que tenemos qué pagar, por lo que es muy bueno viajar emocionalmente ligero.

A medida que aprendas a identificar tus emociones, verás que la espiral del dolor, la depresión y el sufrimiento que te jala hacia abajo, es siempre provocada por los recuerdos. ¿Qué fue lo que sucedió justo antes de empezar a tener patrones de conducta autodestructivos? Tal vez alguien hirió tus sentimientos o te decepcionó y esta decepción dio inicio a una reacción negativa en cadena. Quizás esperabas conseguir el afecto que nunca habías recibido. Como los pensamientos negativos atraen más de su propia naturaleza, pronto te encuentras atrapado en un ciclo de pensamientos que te jalan hacia una negatividad sin fin. Si puedes identificar el pensamiento o idea que desencadena esta reacción automática, puedes evitar que esta secuencia negativa tome lugar en tu vida.

Si sabes que estar cerca de cierta persona te hace actuar de manera que no es saludable para ti, puedes decidir cambiar tu relación con ella y evitar la provocación. La mayoría de estas provocaciones está relacionada con una persona, un lugar o una situación o circunstancia; pero aún la vista y el olfato pueden ser suficientes para provocar un patrón negativo. Una vez que se desencadenan, tus pensamientos y conductas pasan por patrones predecibles que son más difíciles de frenar una vez que se inician. El secreto está en parar el desarrollo de estos factores antes de que empiecen, lo que requiere el saber identificarlos primero.

Debes aprender a identificar exactamente dónde y cómo te quedas atrapado en estos patrones; luego, tienes qué luchar contra tu tendencia natural a ser arrastrado por esa atracción, porque esta fuerza te obligará a reaccionar de la misma manera que te ha hecho reaccionar anteriormente.

Cuando eliges reaccionar de manera diferente a las mismas circunstancias que ahora se han convertido en patrones fijos, se romperá el ciclo sin fin que te impide vivir tu verdadero potencial. Algunas ideas para considerar (e incluso poner en tu diario) cuando empiezas tus ejercicios de hoy.

- ¿Qué tan cómodo te sientes identificando tus emociones?

- ¿Eres consciente de que las provocaciones te jalan a un vórtice emocional negativo?

- ¿Puedes empezar a practicar la atención y tomar consciencia del momento presente a medida que aprendes a concentrarte en la respiración y/o mantener tu mente libre de cualquier intromisión de los pensamientos?

Día Dos

Tarea: IDENTIFICACIÓN

1. AFIRMACIÓN

Recuerda: La afirmación se lee cuando inicias el día y cuando ya vayas a dormir. La meditación es de 15 minutos para despejar la mente. Esta es la meditación **consciente** que permite obtener claridad y precisión. A medida que participas en este proceso, te verás afectado por lo que has leído en la afirmación. Los pensamientos que tomarán lugar durante la meditación te proveerán de información valiosa basada en lo que has leído en la Afirmación.

El ejercicio diario consiste en escribir tus pensamientos, sentimientos y reacciones en relación a la afirmación y la meditación que has completado, así como otros hechos o ideas que experimentaste durante todo el día.

Tarea: Identificación

Tema: Conectándote a tu Verdad Interior

Aún cuando el siguiente paso en mi vida parezca incierto, ya sé que una inteligencia mayor que la mía pone todo en perspectiva. A medida que brille la luz de mi verdadero ser sobre mis miedos, seré capaz de identificar todos los obstáculos en mi camino. Puedo ver en qué me he quedado corto con respecto a mi verdadero yo. En lugar de castigarme a mí mismo, me deleito en mi capacidad para identificar mis miedos y me comprometo a eliminarlos. No permito que la preocupación y la ansiedad dominen mi vida. Dejo ir y confío en que una inteligencia amorosa está eternamente guiando mi camino. Sigo en constante vigilancia sobre mis pensamientos y repudio todas las dudas y temores que amenazan mi inquebrantable determinación. No voy a permitir que la incertidumbre amenace mi progreso. Yo sé que toda la experiencia del dolor y la tensión, no es más que una condición que puede ser cambiada. Siempre, en el centro de la verdad, es la luz del amor la que ilumina mi camino. Yo sé que hay una ley universal que actúa sobre mis pensamientos. Por lo tanto, debo imaginar mi vida llena de toda la paz y la bondad que el Universo ofrece. Yo sé que soy una creación divina, y que toda la bondad fluye hacia mí. No hay nada que pueda hacer para interferir con este flujo divino. Abro mi corazón y mis manos, y de buen grado recibo la bondad que es legítimamente mía.

2. MEDITACIÓN

(Para la meditación antes de comenzar, vuelve a leer el capítulo 3 y el formato general).

3. UTILIZANDO EL DIARIO

Paso 1: (Este ejercicio se describe con mayor detalle en mi primer libro, **La Promesa del Quinto Sol**).

Escribe la Historia de tu Vida.

En la medida en que vas escribiendo la historia de tu vida, presta mucha atención a los primeros siete a nueve años de edad, porque estos primeros años son tus "años de formación". Estos son los años cuando se empieza a establecer la base de tu personalidad. Cualquier otra cosa en la vida viene a ser solo una forma de tratar de resolver los patrones que ya se pusieron en marcha. Céntrate en escribir tu historia en segmentos de cinco años, como se muestra a continuación:

- 0 a 5 años: Anota todo lo que recuerdes, así como todo lo que has oído sobre ti mismo y los demás. Quizás no recuerdes esta parte de tu infancia, pero seguro que has oído decir a tus padres historias de cuando eras un bebé. ¿Qué tipo de bebé, niño, o joven eras?

- De 5 a 10: ¿Qué recuerdas? ¿Dónde vivías? ¿Qué juegos jugaste? ¿Qué eventos especiales recuerdas? ¿Recuerdos en particular? ¿Quiénes fueron tus amigos? ¿A qué jugabas?

- 10-15: ¿Qué recuerdas de la escuela y amistades? ¿Cómo te llevabas con tus hermanos y tus padres? ¿Qué más recuerdas? ¿Tuviste novio o novia? ¿Qué recuerdos tienes de esa persona y tus experiencias de noviazgo?

Continúa a través de todos los segmentos de cinco años hasta tu edad actual. Tómate tu tiempo para escribir tu historia. Entre más detalles recuerdes, mejor. Algunas personas han bloqueado de su memoria gran parte de su infancia. Si éste es tu caso, anota todo lo que puedas y describe lo que pasaba en tu familia. ¿Dónde vivía? ¿A qué retos se enfrentaba tu familia? Anota otros recuerdos que hayas acumulado. No te preocupes si no recuerdas hasta el último detalle, simplemente escribe lo que recuerdes, tan completamente como sea posible.

Termina de escribir tu historia lo mejor que puedas hasta el presente y luego déjala por un par de días. Vuelve a leerla. Elije un marcador y el esquema de todos los "temas" que eres capaz de identificar. Ve cómo estos patrones se repiten.

1. ¿Qué patrones ves que sobresalen? Anota separadamente en una hoja de papel los que has reconocido. ¿Qué te muestran estos?

2. ¿Cuáles son tus pensamientos y sentimientos al hacer este ejercicio?

3. ¿Cuál es el tono general de tu historia? ¿Es una historia trágica? ¿Eres víctima?

4. ¿Qué enseñanzas o falsas creencias fueron incorporadas a estos viejos patrones?

5. ¿Cuáles son las lecciones que has aprendido en el camino?

6. ¿Quién te enseñó esta falsa lección?

7. ¿Por qué sigues aferrado a esta lección?

Lee de nuevo lo que escribiste. Subraya los temas comunes y los patrones repetitivos que puedas identificar. Las respuestas a estas preguntas comienzan a perfilar tu guión de vida. Si estás o no consciente ello, estos repetitivos temas se han convertido en el mapa de tu vida. Estos son los conflictos y los retos que se siguen repitiendo en tu vida porque estás atrayendo el mismo tipo de relación... ya sea que pienses que la gente está siempre aprovechándose de ti, o que la vida no es justa, etc. Estos conflictos están buscando una solución. Tu mente no va a tolerar un misterio que no pueda resolverse. Si sientes que todas estas señales conforman un patrón repetitivo, tienes que destruirlas. Escribe estos patrones repetitivos por separado.

Paso 2:

A continuación, date cuenta cómo, dónde y cuándo estas falsas creencias siguen ocurriendo en tu vida. Al irte dando cuenta, toma un momento y presta atención a la reacción que provoca en tu mente y tu cuerpo.

1. ¿En qué parte de tu cuerpo estás experimentando tensión y malestar?
2. ¿Qué pensamiento está provocando esta reacción?
3. ¿Puedes aislar y estudiar este inquietante pensamiento?

Ten cuidado de no dejarte llevar por la fuerza de los pensamientos negativos. ¿Quieres ir reconociendo estas ideas a medida que comiencen a surgir? No permitas que tus viejos patrones de pensamientos y comportamientos se hagan cargo de tus reacciones, porque una vez que lo hagan, puedes hacer muy poco para detener la secuencia de reacciones automáticas que se presentan en cadena. TU PUEDES detener un patrón automático de pensamiento o comportamiento justo antes de que provoque una respuesta automática. TU PUEDES hacer que estos pensamientos ineficaces dejen de arrastrarte a tus antiguas formas de ser. A medida que vas adquiriendo experiencia, serás capaz de identificar más fácilmente los pensamientos que se disparan automáticamente. Serás capaz de interrumpir las secuencias automáticas y eventualmente destruirlas.

5

Día 3: INTERRUPCION
Modificando el Disco Duro

*"En esta vida todos estamos de pasada;
escogiendo y recogiendo lo que nos servirá para la eternidad"*
...Abuela Lidia

Como hijo mayor de mi familia, crecí haciendo mi mejor esfuerzo para ser un sustituto del padre, protector y proveedor de mis hermanos. Tenía que garantizar la seguridad de ellos y la de mi madre porque mi padre tomaba medicamentos, bebía mucho y con frecuencia. Como resultado, tuve que crecer rápidamente. De alguna manera, a lo largo del camino, he aprendido que las reglas habituales y directrices que la gente emplea para vivir su vida, simplemente no se aplican a mi familia y a mí. Hemos tenido que trabajar duramente y ser muy ingeniosos para hacer frente a las muchas caóticas emergencias que surgieron con regularidad. Con el fin de escapar de la extrema pobreza que rodeaba a mi familia, sentí que tenía que tomar grandes riesgos; llegar lejos y conseguir tanto como fuera posible a fin de obtener una realidad diferente para mí y mi familia. Deseaba desesperadamente crear una vida diferente a la que yo había vivido. Estaba siempre en busca de la puerta de escape que me transportara a la vida de alegría, la paz y éxito que sabía me esperaba lejos del caos de mi casa.

Hace unos diez años, en mis treintas, tomé la decisión por primera vez en mi vida de irme de mi casa y dejar a mi familia. Quería sentirme libre para dar voz a un deseo interno que había sentido desde la infancia, pero que no podía definir. Era como si estuviera respondiendo a un llamado interior. Fue, descubriría más tarde, la misma voz que había hecho callar a un niño de 11 años de edad, que al ser regañado por su madre, prometió no permitir que eso sucediera de nuevo. Era la voz de mi alma - mi *tonalli* - creciente desde adentro, negándose a callar más. Era la voz de mi alma que se negaba a seguir adormilada.

Estaba INTERRUMPIENDO mi vida, según supe, para comenzar un nuevo viaje, en una nueva dirección. No sabía hacia donde me llevaba la vida. Estaba seguro de sólo tres cosas:
1. Mi vida anterior no funcionaba para mí, ni para mi espíritu,
2. Yo estaba en la búsqueda de una más profunda orientación; la búsqueda de una conexión con el misterio más grande de la vida y deseando a la vez, obtener un mayor entendimiento que pudiera compensar una niñez llena de caos e incertidumbre y
3. Yo todavía seguía en las garras del sueño, aún en la caza del éxito, aún buscando la aprobación.

Al final, lo que realmente estaba buscando era la felicidad que había eludido por décadas. Era la felicidad y la plenitud que no se obtiene cuando una alma está dormida. Por mucho tiempo quise tener esa ansiada alegría interna. Y ahora se había iniciado por el simple hecho de dejar atrás geográficamente "lo que fue" a pesar de que todavía era manejado por muchas de las creencias de mi pasado. Estaba a punto de entrar en un gran período de "clasificación" sobre quién era yo y poner en claro quien ya no lo era.

Recién salido de la escuela de postgrado y armado con mi doctorado en la mano, sentí que no había nada que yo no pudiera hacer. En algún momento me dije que iría por el mundo y encontraría la fama y la fortuna. Haría mucho dinero; compararía una casa a mis padres y ayudaría a mis hermanos y a mi hermana cada vez que necesitaran de mí. De alguna manera me había convencido que mi destino estaba muy lejos de mi familia y hogar; lejos de la seguridad de lo que yo había conocido y la familiaridad de mi entorno. Alejado de todo esto, seguramente podía encontrar un destino que pudiera limpiar y purificar el sufrimiento que una vez mi familia tuvo qué pasar.

"El presumido presume más sobre lo que no tiene."

...Abuela Lidia

Me sentía preparado para conquistar el mundo. No es que me faltara algo, sino todo lo contrario. Sentí el toque de Midas, y seguí cosechando éxito tras éxito. Sin embargo, nunca estaba contento y constantemente me sentía cansado e insatisfecho, buscando la próxima promoción y el premio mayor que sabía estaba a la vuelta de la esquina. Yo no lo sabía en ese momento, pero algo en mí quería despertar. SABIA que era infeliz y no estaba del todo contento con mi vida. Estaba pasando por momentos de rutina, pero sentía que algo grande podía pasarme si estuviera dispuesto a aventurarme dejando mi entorno familiar.

Yo también IDENTIFIQUE elementos y patrones de conducta limitantes de mi vida; uno era que mi vida aún estaba definida por todas las responsabilidades que tenía en Chicago. Me di cuenta que la vida que había estado viviendo por casi 35 años ya no era mía y que tenía qué ser INTERRUMPIDA. Algo tenía qué cambiar. Me estaba muriendo por dentro.

Cómo nos 'Dormimos'

Los pensamientos negativos y las falsas enseñanzas se registran y se integran en nuestra mente con todo lo que hemos aprendido. Durante los primeros siete a nueve años de nuestras vidas, estamos creando lo que viene a ser conocida como nuestra personalidad. Observamos a nuestros padres y aprendemos sobre el amor y el sentimiento de pérdida observando sus interacciones con nosotros y entre ellos mismos. Nuestros padres nos demuestran con su amor y afecto que somos valiosos. Es bueno sentir el amor de nuestros padres porque nos habla del entorno cómodo, un sentimiento familiar y abrigador que nos proporciona seguridad, poder y paz.

A veces, durante los años formativos, los niños están expuestos al grave dolor, abuso y maltrato. Estas primeras experiencias de dolor pueden arraigarse en la base de la personalidad. "Ustedes no valen nada". "La culpa es tuya". "Eres un pecador." Estas son las lecciones falsas que repetidamente se enseñan a los niños. Con el tiempo, estas lecciones llegan a formar parte del disco duro de la personalidad. Tu verdadera voz, tu *tonalli*, tu alma, tu verdadero yo, siempre sabe que esto no es verdadero, pero, frecuentemente, a medida que vas creciendo, empiezas a ver el valor y la verdad que hay en tu propia voz interior. Tu voz interior siempre trata de comunicarse contigo desde tus entrañas y te hace pensar: "Algo me dice que ..." Pero si dudas de que eres parte de la Mente Universal del Creador, ya no haces caso a estos mensajes intuitivos. Dejas de hacerles caso por tanto tiempo, que empiezas a sentirte adormilado, olvidándote de tu verdadera identidad y poder.

Nunca es demasiado tarde para dejar de envolverte en pensamientos negativos. Una forma de interrumpir un pensamiento negativo una vez que éste aparece, es hacerse la siguiente pregunta: "¿Viene este pensamiento desde mi ego y debido a mis miedos? O ¿Viene de mi más alto sentido de conciencia? "¿Me trae este pensamiento ansiedad y temor, o paz y vitalidad?

Vé a la pregunta que salta en tu interior y deja que cree una reacción física. ¿Te sientes optimista y excitado o sientes la tensión? Si sientes la tensión, dónde y cómo tu cuerpo la registra? Si te sientes optimista, es muy probable que estés respondiendo a tu sentido más elevado de conciencia de ti mismo.

El objetivo que te planteas al escuchar tu voz interior - tu intuición - es aprender a leer tu cuerpo. Es aprender a sentir la respuesta. Cómo es que sientes algo; la sensación que crea en tu cuerpo es el primer indicador de lo que tu intuición está diciéndote. La intuición no es un "pensamiento", es un sentimiento. Y el objetivo es sintonizarte más y más al sentimiento, a los mensajes y a las respuestas de tu cuerpo, ya que es el comunicador de tu alma.

VISUALIZACION

Los pensamientos de miedo y limitación tienden a aparecer desde el ego. Si te detienes y dejas de respirar por un momento, puedes interrumpir estos temores y evitar que te sobrecojan. Céntrate en ti mismo para que escuches la voz de tu más alto ser y busca la orientación a través de lo que sientes que está bien en tu cuerpo. Otra forma de interrumpir un patrón negativo es empleando la visualización. La visualización es una herramienta increíble para ayudar a tu mente a crear un mapa que te lleve a tu ser superior. Entre más clara sea tu visión, es más probable que tu mente sea capaz de manifestar el resultado deseado. La visualización es simple.

En primer lugar, imagina un problema o una situación por la que deseas recibir orientación de tu ser superior. Despeja su mente de cualquier pensamiento o preocupación. Cierra los ojos. Toma algunas respiraciones profundas y relájate. Presta atención a las imágenes en la medida que empiezan a aparecer. No trates de guiar o dirigir tu mente; deja que las imágenes lleguen por sí mismas. Tu visión puede comenzar como una imagen aislada, un punto de luz, color, o algún recuerdo específico. Enfoca tu atención en el centro de la imagen emergente y síguela. Puedes notar que la imagen empieza a expandirse. Deja que tu atención siga la visión que se está presentando. Déjate guiar por las imágenes que vienen a ti. Verás que su visión te proporcionará valiosas pistas y la orientación que buscas. Puedes utilizar la visualización para contrarrestar los efectos negativos del pasado como también para crear un futuro mejor.

Si, por ejemplo, alguien te insulta y reaccionas enojado y molesto, es posible que desees visualizar cómo podrías haber reaccionado de manera diferente. Trata de imaginarte a la persona que te insulta. ¿Cómo sueles reaccionar? ¿Qué es lo que más te molesta? ¿Son sus palabras? ¿Es su expresión facial? ¿Crees que sus insultos son válidos? Ahora trata de imaginar cómo sueles reaccionar. ¿Cuál es el detonante que te provoca? Piensa en la respuesta o en lo que quieres decir que permita mantener tu compostura. Al ensayar estas escenas antes de que ocurran, reduces la probabilidad de responder impulsivamente. Mediante la visualización y la proyección de ti mismo en distintas situaciones antes de que éstas sucedan, reducirá tu tendencia a ser afectado de la misma vieja manera.

A pesar de haber aprendido patrones de pensamiento y conductas que son poco saludables y limitantes, tu verdadero potencial nunca disminuye verdaderamente. Todo lo que necesitas hacer es aprender a identificar, eliminar y reintegrar nuevos patrones de pensamientos y comportamientos. Aprendiendo a escuchar a tu voz intuitiva, puedes deshacerte de falsas enseñanzas que podrías haber ido acumulando a lo largo del camino. Las herramientas que pueden ayudarte en el proceso del despertar incluyen mantener el enfoque en el aquí y ahora; la práctica de la meditación consciente y la visualización. Con estas herramientas puedes deshacerte de esos patrones limitantes no saludables e integrar nuevas ideas.

Día Tres

Tarea: INTERRUPCIÓN -Modificando el Disco Duro

1. AFIRMACIÓN
Tema: Aferrándose a la Luz y al Sueño

Estoy en control de mis pensamientos. La amenaza de la oscuridad y el miedo ya no me controla. Tengo el poder de interrumpir todos los pensamientos y comportamientos que son incongruentes con mis estados de alegría. Sobre todas las cosas, y a pesar de todos los retos, me aferro a mi fe. Mantengo mis metas y deseos al frente de mi consciencia. Estoy siempre atento de mis pensamientos protegiendo mi mente de las sombras de la duda. Repudio todos los pensamientos de carencia y sufrimiento, y lucho contra los temores que me han mantenido bocabajo. Puedo crear una visión clara de mi corazón y el deseo del alma. Sé que lo que mi mente ve y responde a la ley universal de la manifestación. Sé que esta ley entra en la dirección de mis pensamientos y comienza a construir manifestándose de acuerdo a mi visión. Sostengo con firmeza y claridad la imagen de mis deseos más preciados. Reconozco que mis sueños pueden convertirse en realidad y le doy gracias a la fuerza del poder de la Creación que sigue mis órdenes. Veo con alegría cómo mis sueños y mis aspiraciones más preciadas se manifiestan ante mis ojos.

Tercer día

Tarea: INTERRUPCIÓN – Modificando el Disco Duro

MEDITACIÓN

2. EJERCICIO del diario

1. Vuelve a la historia de tu vida y escribe los temas repetitivos que has identificado.
2. ¿Qué cosas ves que están sucediendo en más de una de las etapas de la edad de 5 años?
3. ¿Qué acciones similares ves? ¿Hay comportamientos similares? ¿Se repiten estos patrones similares de pensamiento una y otra vez?
4. ¿Qué sentimientos te están deteniendo que no te permiten liberar este patrón en tu vida?
5. ¿A qué le tienes miedo? Es normal tener miedo. Cuando se trata de nuestra vida interior y los sentimientos, todos tenemos temores. Admitir esos temores, aunque sea sólo para nosotros mismos, a veces es la pieza más poderosa en nuestra propia transformación. Aceptar estos miedos nos permite reconocer y saber que tenemos mucho trabajo por hacer. Los miedos nos señalan el camino sobre el trabajo que necesitamos hacer.
6. ¿Qué temes podría suceder si se dejas el viejo patrón de conducta?
7. ¿Qué es lo que necesitas expresar que no hayas expresado antes?
8. ¿Hay algo que necesitas decirle a otra persona?
9. ¿Hay algo que necesitas expresar hacia ti mismo?
10. ¿Qué acciones tomarás ahora que serán diferentes a las que has tomado anteriormente?

6

Día 4: INCORPORACIÓN

Pasando a la Acción

"El opresor vive hasta que se decida el oprimido"

...Abuela Lidia

Hace más de una década, mientras me preparaba para cambiar de residencia y cruzar el país, mi familia y mis amigos organizaron una fiesta para celebrar mi cumpleaños y precisamente este cambio de vida. Tuvimos mariachis que tocaron en la sala de la casa, y mi hermano Carlos la hizo de "DJ". Todo el mundo la pasó muy bien. En las primeras horas de la mañana siguiente, mi madre me llamó para darme la noticia de que mi abuela había fallecido en México. Me tomó un tiempo entender exactamente lo que había sucedido. "Se nos fue. Se nos fue", repetía mi madre, como si mi abuela nos hubiera abandonado y huido de su casa.

A lo largo de mi vida, mi abuela siempre me hablaba de la existencia de un universo gobernado por fuerzas invisibles. Ella me decía que la realidad no era la manifestación material que vemos, sino el sagrado misterio detrás de lo observable. Mientras estas lecciones se repetían en mi mente, me preguntaba una vez más acerca de su importancia y su significado. En medio del miedo y la confusión, continuaba diciéndome a mí mismo:

"La realidad está más allá de lo que puedo ver y sentir"

Aún así, mientras me preparaba para hacer mi propia transición, no podía dejar imaginarme lo que me esperaba en una tierra lejana. Haría el viaje sin la presencia física de mi abuela que me guiara.

La noche antes de la muerte de mi abuela, yo había disfrutado de mi cumpleaños con amigos y familiares, así como celebrado el inicio de mi nueva vida. Al mismo tiempo que estaba comenzando un nuevo capítulo en mi vida, también tenía que decir adiós a uno de los personajes que más influyeron en mí. Estaba cruzando todo el país para vivir y trabajar en lugares que nunca había visto antes y donde no conocía ni a una sola persona. De repente me sentí abandonado, una vez más, como ese niño que fue hace muchos años abandonado a su suerte, solo, sin protección y sin padres; expuesto a una realidad diferente fuera del entorno protector de un hogar lleno de amor. Esta vez, sin embargo, yo elegí tener la experiencia de irme. Cuando mi abuela murió, no podía imaginar mi vida sin su apoyo. No podía darme cuenta de la ironía de salir de casa para buscar una tierra lejana a la cual pertenecer. Racionalicé el hecho de dejar la familia y amigos reafirmándome que lo que estaba haciendo era impulsado por una búsqueda más profunda para encontrar el proceso de conexión conmigo mismo.

Había puesto en marcha un viaje de autodescubrimiento que implicaría salir solo sin la guía de la abuela Lidia, mi madrina y maestra espiritual. No estaba preparado para enfrentar el hecho de que mi abuela se había ido. Esa noche tuve la sensación inconfundible de sentir su presencia, como asegurándose de decirme que necesitaba estar a tiempo y hacer mi largo viaje.

No volé a México para asistir a su funeral. Elegí mejor trasladarme a California y empezar mi nueva vida a tiempo.

Sin estar preparado para aceptar la muerte de mi abuela, sentía que no había aprendido todo lo que tenía que aprender de esta increíble mujer. No podía imaginar mi vida sin su apoyo. Mi abuela fue muy clara en decirme que siempre estaría conmigo. Desde entonces he sentido que el no haber asistido a su su funeral, ha influido en que sienta que su presencia continúa en mi vida. De todos modos yo sabía que mi nuevo paso en la vida era exactamente lo que tenía que hacer. Me sentí seguro y fuerte en mi interior. Sabía que ésta era la siguiente etapa en mi viaje espiritual.

Cuando llegué por primera vez a la bahía de San Francisco, no conocía a una sola persona. El mundo se abrió para mí de una manera maravillosa y al mismo tiempo, aterradora. Lejos de mi familia y el mundo que una vez sentí familiar y seguro, a menudo experimenté la soledad, la incertidumbre, la decepción y el miedo. También hubo personas increíblemente generosas y amorosas dispuestas a darme sus corazones y su amistad.

Viendo hacia atrás, ahora soy capaz de ver que a menudo fallé en corresponder a este amor y afecto. Yo estaba tan concentrado en tener cuidado de no ser herido o traicionado, que no podía recibir plenamente el amor que fue tan libremente ofrecido sin sospecha y desconfianza. Durante los diez años que viví en California, frecuentemente sentía la presencia de la abuela Lidia, quien me dio la fuerza y la orientación que necesitaba para hacer frente a los momentos más oscuros de la vida. A menudo me susurraba al oído su sabiduría, particularmente en épocas de cambio y conflicto.

"El estudiante aprende sólo lo que el maestro sabe"
...Abuela Lidia

Elige a tus maestros y mentores de una manera sabia. Mantente completamente alerta a lo que estás aprendiendo y de quien lo estás aprendiendo.

Ella fue una mujer intensamente amorosa con una capacidad intuitiva que le permitía ver a través del corazón y el alma de cualquier persona. Fuerte y apasionada, fue capaz de criar ocho hijos sola en México, mientras su marido trabajaba en los campos de California para enviar dinero y alimentar y vestir a toda la familia. Hoy en día, el espíritu de mi abuela sigue guiándome e influyendo en mi desarrollo personal y profesional. No hay duda de que ella vive en mí, al igual que sus antepasados vivieron en ella. Cada uno de nosotros lleva y entrega el mensaje de sanación y del despertar que el Espíritu Universal proporciona a todos.

Pasando a la acción

Ahora que has aprendido a identificar los pensamientos y comportamientos que no te sirven, el siguiente paso será pasar a la acción. Así como yo sabía que tenía que mudarme a California, tú estás siendo llamado a la acción de tu *tonalli*. La pregunta es, "¿A qué se te está llamando?"

Al principio, la incorporación de nuevos pensamientos y comportamientos parecerá inusual. Al recurrir a los viejos comportamientos puede que experimentes la sensación de dar un paso hacia atrás debido a que, pesar de ser poco saludables o adaptables a un nuevo patrón, estos comportamientos te hacen sentir cómodo, precisamente debido a su familiaridad. Esta fase suele ser la más difícil para muchas personas.

Tan pronto empieces a incorporar nuevas conductas, observa cuáles son tus reacciones físicas y mentales ante ellas. Podrás experimentar sentimientos de ansiedad e incomodidad. Podrás sentirte torpe, vulnerable o muy expuesto, como si otros estuvieran pendientes de tus acciones. Estos son sentimientos normales asociados con el proceso de integración de nuevos comportamientos. Tan pronto inicies la práctica de estas nuevas conductas, experimentarás menos ansiedad hasta que vengan a ser parte de tus reacciones automáticas.

Todos los patrones negativos se alimentan de las **recompensas secundarias**. Estas son inadecuadas recompensas que siguen manteniendo conductas poco saludables. Las recompensas secundarias mantienen estas "supuestas" conductas no deseadas, al proveer algún nivel de ganancia. Ejemplos de estas recompensas incluyen el pelear con tu pareja porque eso te permite estar disponible a una nueva relación con alguien más. El enfermarte, por ejemplo, te permite tener una excusa para no ir al trabajo. Atacar a alguien que amas, te permite evitar tener una responsabilidad con esa persona.

Las recompensas secundarias no sólo mantienen activas las conductas no deseadas, sino que te dan permiso de mantenerte "adormilado" evitando un DESPERTAR desde tu interior. Identifica estas recompensas y trata de cambiarlas automáticamente.

Las recompensas están intrínsica y profundamente conectadas a nuestros pensamientos. Tan pronto empieces a incorporar nuevas conductas, reconocerás que los pensamientos que se encuentran debajo del nivel de la consciencia, empezarán a emerger y a ser una amenaza para tu nuevo comportamiento. Aparecerán pensamientos críticos como "Esto no va a durar", "Esto es una estúpida pérdida de tiempo", "¿Cuál es el punto?, nada va a cambiar".

Tan pronto surjan estos pensamientos, puedes contrarrestarlos con afirmaciones positivas hasta que logres actuar y pensar de acuerdo a tus verdaderos deseos y aspiraciones. Antes enfocabas tu atención en la incorporación de nuevos pensamientos y conductas; ahora es tiempo de aprender a llevarlos a la práctica. Piensa en la incorporación de nuevos pensamientos como algo nuevo por evaluar. Puedes jugar con la idea de explorar esta área. Con ello podrás ver cómo la gente reacciona en forma diferente a la tuya. Podrás empezar a obtener una diferente perspectiva de la vida y tu medio ambiente, pero al mismo tiempo, cómodamente sentirás que continúas ligado a tu anterior identidad. En el momento en que estés listo para entrar en acción, ya habrás tenido suficiente tiempo para hacerte de nuevos pensamientos y conductas, y ya habrás tenido suficiente evidencia y retroalimentación del mundo exterior como para convencerte que tu temporal "membresía" dentro de tu nueva vida, es ya, de hecho, un compromiso más profundo. Entrarás en acción utilizando metas y objetivos. Crea entonces un plan de acción que involucre compromiso y dedicación.

Día Cuatro

Tarea: INCORPORACION- Entrando en Acción

    1.   **AFIRMACION**

Tema: Conectándote con la Eterna Fuente de Energía

Creo que el poder de la Creación está siempre disponible para mí y que se expresa a sí mismo en cada una de las personas con las que me relaciono en cada cosa que hago, y en cada pensamiento que tengo. Sé que no estoy solo. Mi mente participa de la inteligencia colectiva de la Mente Universal, y descanso en el poder de la Creación para actuar sobre mis más profundos deseos. Participo como creador de mi propia vida. Por eso me deshago de pensamientos limitados, y felizmente hago espacio para incorporar nuevos pensamientos y conductas que reflejen la luz y el poder de mi verdadero ser. Ya no me cobijo de ningún error de mi pasado. Sé que he sido creado en la mente eterna, y así, soy capaz de utilizar ese poder para manifestar mis pensamientos. El universo se abre delante de mí, y el eterno origen de la Creación espera que hable con mis propias palabras. Con confianza ciega lanzo mi palabra sabiendo que la Ley de la Creación manifestará lo que ha sido dicho. El fuente de mis suministros, no tiene límites. Vuelco mi atención hacia el más quieto y pacífico lugar dentro de mí, sabiendo que mi verdadero ser reside en la eterna casa del poder. Ahí, en la quietud de la divina presencia, digo quedamente cuáles son mis necesidades. La respuesta que siempre encuentro, es "**SI**" a cada una de mis peticiones.

2. **MEDITACION**

3. **Utilización del Diario**

En el tercer día escribirás en tu diario las acciones que has estado tomando, las cuales son diferentes de las que has vivido en el pasado. Mientras estés enfocando en escribir tu día de hoy, pregúntate:

1. ¿Cuáles son las circunstancias, la gente o los pensamientos que me han mantenido fuera de lo que realmente soy?
2. ¿Cómo es que he dejado que los pensamientos que algunas personas tienen acerca de mí, o sus expectativas acerca de mí, no me permitan ser libre, me mantengan apartado de lo que realmente soy, o me impidan expresar la verdad que hay dentro de mí?
3. ¿De qué tuve miedo? ¿Qué temí (o temo) que pudiera haber pasado si me hubiese enfrentado a la gente y hubiera mostrado mi propia verdad?
4. ¿Estoy ya cansado de mi anterior vida? ¿Es el dolor de vivir las expectativas de otra gente tan fuerte, que finalmente estoy listo para cambiar?
5. ¿Cuál fue la recompensa, el reconocimiento o la reacción que estaba buscando al mantenerme atado a un patrón de conducta establecido?
6. ¿Qué necesidad dentro de mí había por encontrar a alguien que estuviera conmigo?
7. ¿Estoy preparado yo mismo para enfrentar esa necesidad?

7

Día 5: LIBERAR

Aprendiendo a Perdonar

...y DE HECHO, dejar ir

El Resentimiento, la Negatividad y Otras Creencias Negativas

"Lo bueno y malo; la vida y la muerte, la salud y el malestar, son todos frutos del pensar"

...Abuela Lidia

Durante el periodo de 10 años que viví en California, la presencia de mi abuela Lidia me dio la fortaleza y la guía que necesité en mis más oscuros momentos. En tiempos de incertidumbre, miedo y duda, fue su presencia la que me guió y me protegió.

Precisamente a los 10 años de que mi abuela falleciera y en la fecha de mi nacimiento, volví a Aurora, Illinois teniendo qué ir y venir a

California por motivos de trabajo. Dos días antes de mi regreso a California, mi abuelo Alberto, el esposo de mi abuela Lidia, había sido ingresado al hospital para finalmente morir ahí. Los doctores dejaron de alimentarle y de darle de beber. Luchando por su vida en cada respiración, mi abuelo cayó en coma para lentamente irse de esta vida. Los doctores le desconectaron todo tipo de soporte vital e informaron a la familia que moriría pronto, y que los parientes que quisieran despedirse de él, deberían hacerlo lo más pronto posible. Corrí al hospital y encontré el cuarto de mi abuelo lleno de gente alrededor de su cama. Me senté al borde de la misma por un rato, conmovido al ver la marchita coraza del hombre fuerte que yo había conocido. Mantuve su arrugada mano tratando de decirle que todo estaba bien, como debía ser. De repente, las imágenes significativas del sacrificio de este hombre aparecieron ante mis ojos, y sentí una enorme gratitud y admiración por todo lo que él había logrado, y por lo que había contribuido a sus familias y a mí mismo. Ví a mi abuelo luchando contra el intenso dolor, observando que sus brazos y piernas se encorvaban en una posición fetal. Vi poético el hecho de que él dejaba esta tierra en la misma posición en la que había llegado. Es doloroso venir a este mundo, y es doloroso dejarlo.

    Una joven enfermera entró al cuarto diciendo su nombre tan fuertemente, y en una forma tan apresurada, que parecía dar a entender de ese modo, que deseaba que nadie le dirigiera la palabra. Tomó una jeringa y vació morfina en el recipiente. Mi abuelo había dejado de comer dos días antes, y ahora la familia veía cómo desfallecía.

Su cuerpo se relajó cayendo en los efectos del poderoso calmante. A pesar de que todo soporte vital había sido retirado, mi abuelo, para sorpresa de los doctores, seguía respirando con normalidad todo el día. Aún en esos momentos, su voluntad y su vitalidad, seguían muy fuertes.

    Desperté el martes por la mañana y completé mi meditación matutina. Corrí por aproximadamente media hora; tomé un ligero desayuno y me fui al hospital a ver a mi abuelo. Su respiración era menos profunda y su cuerpo estaba tan relajado que parecía ya no estar combatiendo el dolor. Caminé hacia mi coche y, a pesar de que era un día caluroso de julio, me senté quietamente con los vidrios de las ventanas sin bajar. El sol de Chicago quemaba, y el tiempo parecía haberse detenido. Los pájaros cantaban su melodía canción y pude oir el sonido de la campana de un paletero en la calle. Una ardilla se detuvo en la acera moviendo su cola. Me quedé sentado en el coche, y el sudor empezó a formarse en mi frente y en todo mi cuerpo. Sentí que me congelaba como si una ventana hubiera sido abierta y yo hubiera entrado en otra dimensión. Contemplé la realidad sobre la muerte de mi abuelo. Aunque todo parecía seguir en su lugar, todo se sintió diferente.

    Habiendo pasado dos días en el hospital con mi abuelo antes de irme a California, me sentí más tranquilo al regresar por motivos de negocios. En Berkeley, en la noche de mi llegada, traté de escribir un proyecto en el que estaba trabajando, pero tenía problemas en concentrarme. Sentí la innegable presencia de mi abuelo y una poderosa necesidad de estar con mi familia, por lo que les quise llamar.

Me imaginé a todos los miembros de la familia y parientes acurrucados buscando cierto consuelo ante el inminente fallecimiento de mi abuelo. No encontré a nadie esperando por la muerte. A todos los que llamé estaban muy atareados con sus propias vidas, atendiendo a los hijos y cumpliendo con sus obligaciones.

Me encontré sentado en una cafetería de Berkeley planeando unas reuniones y entrevistas. Estaba emocionado y en los "cuernos de la Luna" sobre lo que había anticipado profesionalmente. Iba a ser entrevistado acerca de mi primer libro **La Promesa del Quinto Sol** por algunas de las estaciones de television de Los Angeles, incluyendo el programa de radio número uno a nivel nacional. ¡Había llegado!

Los recuerdos de la noche que viví diez años atrás, me inundaron. Me ví celebrando mi cumpleaños con la familia en Chicago. Me acordé de la promesa de tener nuevos y prósperos inicios a mi llegada a California. Precisamente en ese momento, sentado en esa cafeteria, planeando mis entrevistas, sonó mi teléfono. Escuché la voz de mi hermana diciendo: "Ya se fue. El abuelo Alberto acaba de fallecer".

Mi abuelo Alberto fue el último abuelo que quedaba vivo. A sus 94 años, Don Alberto había visto la transformación del mundo cuando, en los tiempos de la Segunda Guerra Mundial, vio los cielos de San Francisco cubiertos de aviones de guerra. Pensando que era el fin, Don Alberto cayó sobre sus rodillas y empezó a rezar por la seguridad y el futuro de su familia. Ahora, con su fallecimiento, de nuevo guió la transición para su gente. También trabajó y contribuyó al esplendor industrial en Chicago. Fue un cantante de *mariachi* y un apasionado amante de la vida y las mujeres. Aún cuando mis abuelos peleaban frecuentemente acerca de la "incorrigible" conducta de mi abuelo, había una innegable ternura y amor entre ellos. Mi abuela reía sin razón aparente cuando mi abuelo le sonreía a medias y le guiñaba un ojo.

Cuando la noticia de su fallecimiento hizo sentido, por un segundo, pensé en que debía permanecer en California y cumplir con mis compromisos en lugar de regresar para estar en el funeral. Pero de repente, reconocí la misma voz que escuché 10 años antes cuando elegí ir a California en lugar de ir al sepelio de mi abuela Lidia. En ese entonces, mi viaje espiritual me retiró de mi familia, lo que creí, era una bendición de mi abuela. En esta ocasión, mi viaje espiritual me llamó de nuevo. Sentí que debía regresar y ser parte del adiós final a una generación que me formó y formó a mi familia.

Mi cumpleaños, diez años antes, marcado por la muerte de mi abuela, fue también señalado por el inicio de mi viaje hacia el autodescubrimiento. Ahora, diez años después, en mi cumpleaños, mi abuela me llamaba a casa para que diera el adiós a quien fuera su esposo, y así cerrar el círculo regresando al lugar donde empecé. No pude evitar sentir que mi abuela me estaba observando. Podía sentirla a un lado mío. Con sus brazos cruzados y sus labios muy juntos, estaba esperando mi decisión. Pacientemente, el universo había esperado y orquestado todo para que mis ojos y mi corazón se abrieran. Si regresaba, era para celebrar los últimos 10 años de mi vida, así como también celebrar el paso de esta vida, a la eternidad, de un simple, honorable y magnífico hombre que trabajó, con limitaciones y con errores, pero con una inquebrantable devoción, por el mejoramiento de la familia entera.

Cancelé todos los compromisos y pude obtener un vuelo de regreso a Chicago. Pasé casi todo el día de mi cumpleaños en el avión o esperando en Phoenix por un vuelo retrasado. Me apresuré a llegar desde el aeropuerto a la casa; tome un baño y me puse un traje antes de salir corriendo. Llegué a la funeraria media hora antes de que la cerraran. Recibido por mis padres, hermanos, tíos y primos, me embargué de emoción. Me senté en una silla enmedio de la sala llena de dolientes. Sentí las palmadas de mi hermana sobre mi hombro. Se sentó junto a mí y susurró: "Feliz cumpleaños, hermano".

Diez años después, de nuevo en mi cumpleaños, se me había dado la oportunidad de completar el círculo; de dejar ir; de perdonarme; de regresar a casa para estar con mi familia, y decir adiós a mi abuelo que se reunía con mi abuela. Regresé humilde y agradecido por las lecciones que había aprendido. El precioso y pasajero perfume de la vida, repentinamente, se me hizo más exquisito. La importancia de marcar la vida, de forjar sólidas relaciones con la familia o los amigos, empezó a impregnarme, revelándome que debemos apreciar el tiempo que se nos da para expresar nuestro amor. Me he aventurado a vivir fuera de casa, y me he dado cuenta que tengo primos, tíos, sobrinos y sobrinas que ni siquiera conozco.

Me maravillé del increíble regalo de cumpleaños que de nuevo recibía. Al celebrar la vida y los nuevos Despertares, me di cuenta de que mis abuelos seguían enseñándome. Estaban preparando el camino al reino de la existencia no física. Hace una década, cuando la llamada telefónica de México me anunció la muerte de mi abuela, yo estaba celebrando mi cumpleaños y me preparaba para mudarme a California y empezar una nueva vida. Ahora, en este 19 de julio, estaba experimentando otra celebración del nacimiento y la vida nueva, abandonando "lo que fue", con el fin de hacer espacio para permitirme ser la persona que estaba destinada a ser. Por fin pude vivir mi vida guiada plenamente por mi intuición y mi ardiente pasión por escribir, crear y continuar con el trabajo de sanación que mi abuela Lidia me había enseñado.

Incluso en tiempos de tristeza y pérdida, el poder siempre amoroso y la poesía de la Creación es lo que orquesta la vida y nos despierta a niveles más profundos de conciencia. Esto no es lamento por la muerte de alguien, sino una celebración de la vida abundante; la evidencia que puede encontrarse en cada rostro en una multitud.

Mi familia me pidió que diera unas palabras en la misa del funeral a la mañana siguiente. Había una inconfundible electricidad en ese momento, como si el tiempo se hubiera detenido de repente y reuniera a vivos y muertos; jóvenes y viejos. Allí, en esa vieja iglesia, el pasado se había entrelazado con el presente y el futuro. Mirando a la multitud, sentía un profundo aprecio por el hombre que fue responsable de dar a luz a tantas vidas. Todos estos jóvenes estudiantes universitarios, las nuevas familias y los abuelos que ya están envejeciendo, deben su residencia en los Estados Unidos a mi abuelo, quien trabajó duramente, con la visión de tener a su familia reunida. Incluso ahora, se estaba asegurando que seguiríamos juntos.

Pensé en los resentimientos que he mantenido desde la infancia y vi los rostros de uno o dos parientes, ahora mayores, que me hicieron daño cuando era niño. Me di cuenta de lo totalmente ajenos que deben estar ahora a mis tormentosos recuerdos. Si alguien apenas se acuerda del dolor que yo estaba sufriendo entonces ¿Qué importa décadas más tarde? La sensibilidad de un niño lastimado a menudo permanece hasta la edad adulta, pero eso no significa necesariamente que así debería ser.

Ningún niño debería tener que sufrir malos tratos, pero ningún adulto tiene qué vivir con la pena y la angustia de un dolor de la infancia que nunca cicatriza. Yo estaba repentina y dolorosamente consciente de la enorme cantidad de tiempo que perdí aferrándome a las viejas heridas y decepciones. Después de la misa me uní a la larga fila de coches que se dirigieron a un hermoso cementerio en las cercanías de Batavia.

El abuelo Alberto no pudo ser enterrado junto a la abuela Lidia en México. La actual crisis económica y de logística hizo imposible trasladar su cuerpo de regreso a casa. Miré en silencio cómo el ataúd de mi abuelo fue bajado a la tierra. En ese momento sentí un escalofrío en mi espina dorsal y la inconfundible presencia de mi abuela. Oí su voz susurrando esta frase a mi oído:

"La fuente de la Verdad y del Poder se encuentra en nuestra completa comunión con el espíritu, el que construye y nos brinda todo lo que es material para poderlo apreciar. Tú has sido invitado para que seas su testigo a través del tiempo y del espacio"

...Abuela Lidia

En ese momento, volteé a mi izquierda y vi un águila gigante posada sobre la valla de madera a pocos metros de distancia. El águila - mensajero del cielo que baja al mundo y es el símbolo del invitado espiritual que guió el gran viaje de nuestros antepasados – se sentó ahí para marcar ese especial momento. Sentí un nudo en la garganta y reconocí la presencia inconfundible de mis ancestros que honraban esta sagrada tierra.

Como si fuera capaz de leer mis pensamientos, mi madre se me acercó y dijo: "Tienes suerte. Ahora tienes a todos tus abuelos para cuidarte desde el cielo". Sonreí y estuve de acuerdo. Me sentí más completo al liberarme del pasado y reafirmé mi compromiso de vivir mi vida siempre consciente de los mensajes sagrados que continuamente buscan comunicar una verdad más profunda. Estas verdades son evidentes y están disponibles a cualquiera de los que estén dispuestos a despertar al poder sin límites y a la sabiduría infinita de la vida que se despliega ante nuestros ojos.

Todos hemos sido bombardeados con mensajes que nos dicen que debemos "tener todo" para ser felices. Automóviles, casas, poder y títulos. Yo he logrado hacer realidad esos deseos y he logrado éxitos. Pero finalmente fueron trampas o distracciones de los valores que me habían enseñado y resultaron incongruentes con el verdadero ser que ahora se agita dentro de mí. Fue extraño y maravilloso cómo el dejar ir a mi abuelo -de liberarlo hacia el gran Espíritu de la Vida- tuvo el efecto de hacerme regresar a mí mismo. Tuvo sentido el liberar a todos los que de alguna manera moldearon mi vida, para finalmente venir a ser yo mismo. Es como si sus espíritus vivieran en mí. Tengo la intención de seguir honrando su trabajo y contribución, encontrando formas de compartir el rico conocimiento que me confiaron.

Incluso, en el día de su funeral, mi abuelo había logrado unir a su familia que ahora está dispersa por todo los Estados Unidos y México. He reflexionado sobre el producto del amor y del trabajo de este hombre. Pensé acerca de nuestra condición actual y de cómo, por una razón u otra, la familia y los amigos se separan a menudo, resultando cada vez más difícil pasar tiempo juntos, de socializar y mostrarnos uno al otro el apoyo y el cariño que nos puede nutrir durante los momentos más difíciles. Cuando empecé a ver a mi alrededor, vi los rostros de los que yo no había visto desde mi infancia. Recordé que algunos parientes me hicieron daño de niño, por eso me aparté de ellos. Otros quizás me insultaron, así que también de llos me aparté. Algunos otros se sintieron heridos e insultados por mí, así que ellos se alejaron de mí. Me di cuenta de que todos nosotros sentimos que tenemos una razón válida para permanecer lejos de nuestros seres queridos, y por lógica, nos excusamos a nosotros mismos por seguir ligados a ese dolor y resentimiento. ¿Con qué frecuencia he controlado mi dolor, distanciándome de insultos, críticas, ofensas, indiferencias, y celos? Cuando era niño sentía que estaba en lo cierto al mantenerme alejado realmente de mí mismo, sin hablar con los demás, para no sentir el dolor. Ese día, mientras veía las caras hermosas y jóvenes de mis sobrinos y sobrinas; primos, tíos y amigos, me di cuenta de la gran cantidad de tiempo que utilizamos para aferrarnos a sentimientos y recuerdos hirientes mucho después de que alguien siquiera recuerdemos los hechos que nos hirieron tanto. En tiempos de grandes cambios, de guerras y de economías fracasadas; del odio racial, la codicia sin igual y la contaminación, no hay momento más crítico que el presente, para unirnos y cicatrizar heridas. Tenemos que ser capaces de identificar aquellos pensamientos que nublan nuestra mente y que nos obligan a vivir una vida de limitaciones y aislamiento.

    Al final del paso por la vida de mi abuelo, empezaba un nuevo ciclo. La vida había dado un giro completo y ahora estaba siendo llamado para dirigir nuestro legado ancestral y familiar. Me sentí llamado a transmitir a las nuevas generaciones las verdades del DESPERTAR y de la TRANSFORMACION que yo había experimentado.

    Ahora que mis abuelos están de nuevo reunidos, y reflexionando sobre mi vida, desde mi infancia hasta el presente, siento que he pasado el umbral hacia la eternidad. Me siento capaz de sentir la transición de adulto joven a la madurez. La naturaleza temporal de todas nuestras sensaciones debe dejarnos con el deseo de vivir completamente conscientes de la preciosa naturaleza que trae cada momento. Mantengo mi corazón y mi mente alerta para recibir los mensajes del universo. El universo está todo el tiempo tratando de comunicarse específicamente contigo en forma de coincidencias y sincronicidades. Entre más se multiplican estas coincidencias, más abierto y receptivo me vuelvo. En el momento exacto en que reconozco esta especial comunicación, siento la evidente presencia de mi abuela que todavía me está enseñando la importancia de honrar este poder invisible, creativo y curativo que centra nuestra sabiduría. Siento que mi abuela Lidia nunca ha dejado de ser mi médico, mi madrina y mi maestra. Ella sigue siendo mi guía espiritual, siempre presente en los buenos y malos momentos.

Este es el momento en que debemos despertar a nuestra verdad. Ha llegado el instante de declarar el amor con valentía y sin miedo. Ahora es el momento de perdonar a aquellos que sentimos nos hicieron daño y pedir perdón a aquellos a quienes hemos ofendido. La vida es una manifestación eterna de la conciencia. Debemos, por tanto, dar gracias por la capacidad de ser conscientes de hasta un precioso pensamiento. Si hemos de ser conscientes de algo, que ese pensamiento único sea el reconocimiento de nuestra relación con nosotros mismos y el mundo que habitamos. Este es el momento de despertar a nuestra profunda verdad interior y vivir nuestras vidas completamente despiertos.

Eligiendo el Perdonar.

Cada segundo de nuestras vidas tenemos la oportunidad de elegir. De hecho, nuestra vida puede ser definida como la suma total de las decisiones y elecciones que hemos hecho y sus resultados posteriores. Con cada pensamiento tenemos una opción; una oportunidad para pensar lo mejor o lo peor de una situación dada. Por ejemplo, cuando estás en camino a una fiesta, puedes pensar en que el evento será muy excitante y puedes emocionarte anticipadamente. Por otro lado, puedes decir que el evento será aburrido, lleno de gente que no quieres ver. De repente te arrepientes de haber ido. De cualquier manera, cuando llegas al evento, la gente es capaz de captar lo que estás sintiendo al estar ahí, ya que proyectarás al exterior lo que estás pensando internamente. Cada pensamiento que tienes sale de ti antes que lo digas, mostrándole a la gente lo que estás sintiendo. Tus pensamientos te traicionan a través de tu lenguaje corporal, haciéndote más perspicaz sobre tu percepción de la vida, de ti mismo y de los demás.

Ahora que has identificado lo que te es molesto y limitante, debes aprender a liberar y "dejar ir". Dejar ir, significa tener qué aprender a perdonar. Pero perdonar no quiere decir que debas ignorar el dolor o el sufrimiento por el que estás pasando. El perdonar no debe convertirte en mártir o masoquista. Cuando perdonas dejas a un lado los sentimientos negativos que **TÚ** has escondido porque alguien te hizo daño. A menudo eso ni siquiera afecta a la persona que te lo causó. Puede que ni siquiera esté consciente de lo mucho que te hirió. Puede que ni le importe, o quizás ni siquiera esté aún con vida. Aún así, tú sigues apegado a ese dolor y a ese sufrimiento.

Muchas veces el perdonar puede resultar difícil porque tendemos a permitir que nuestro dolor y sufrimiento defina quiénes somos. Nos aferramos al resentimiento y al dolor porque esperamos que alguien nos muestre que siente indignación ante el sufrimiento y la injusticia de la que somos objeto. Queremos que alguien nos pida perdón, haga las cosas bien, nos ame o…. Mientras tanto, nos aferramos a nuestro resentimiento; dejamos de crecer y llegamos a resguardarnos y a cerrarnos a nuevas experiencias y relaciones.

El perdón debe ser una decisión eficaz para dejar ir el dolor y el sufrimiento … por **TU** propio bien. Debemos ser conscientes de nuestra decisión de perdonar y dejar ir, sabiendo que el resentimiento y la amargura se convierten en una carga pesada que limita nuestra capacidad de volar. Al elegir perdonar y dejar ir, soltamos la energía reprimida que puede ser utilizada de manera más productiva y así tener más alegría y éxito.

¿Qué es lo que tienes que liberar? ¿Cuáles son los resentimientos, los lugares, el dolor y el sufrimiento a los que te has ligado? ¿Puedes elegir deshacerte del dolor y de todas esas situaciones y personas a las que has responsabilizado de tu restringida existencia? Si optas por liberar y dejar ir, descubrirás que nada de lo que has sufrido alguna vez te va a limitar de ninguna manera. Eres un ser tan entero y completo hoy en día como nunca lo has sido antes. Liberar y dejar ir el resentimiento contenido soltará una gran cantidad de energía que puedes aplicar en tu proceso de DESPERTAR a una plena libertad y alegría.

Día Cinco

Tarea: Dejar Ir- Aprendiendo a Perdonar ... y de Hecho, a SOLTAR el Resentimiento

1. AFIRMACIÓN

Tema: El Camino a la Transformación

Hay un camino claro que se abre delante de mí y transforma mi vida. He surcado este camino con mi fe y mi práctica diaria. El camino se me presenta claro y sin obstáculos, y me comprometo a seguir con inquebrantable confianza. No estoy obligado a rendir cuentas al pasado. Libero todo apego al resentimiento y a la culpa. Perdono a los que sabiéndolo, o sin saberlo, me hicieron daño. En la medida en que perdono, siento que el peso de mi carga disminuye. Mis pensamientos, mis palabras y mis acciones están unificadas y son la manifestación de mi visión y de los deseos más profundos de mi alma. Creo en la promesa eterna que dice: "Todos los que buscan, encuentran". Al caminar en esta senda soy capaz de descifrar las pistas que revelan la grandeza que se abre ante mí. Me encuentro vigilante y alerta sabiendo que el espíritu creador está siempre buscando a través de todos los que conozco y todo lo que veo. Yo me comprometo plenamente a continuar este camino sabiendo que el viaje es eterno, y que nada puede impedir mi herencia divina. Cada paso que doy me acerca a la verdad de mi realidad más profunda, y soy capaz de verme a mí mismo como una encarnación perfecta del poder divino y del amor. Sé que, más allá de cualquier sombra de duda, la luz que arde dentro de mí, es la luz de toda la creación.

2. Meditación

3. Utilizando el Diario

El tema del diario de hoy es: ***Liberación***.

1. Haz una lista de todas las personas que te han hecho daño; vete lo más lejos que puedas en el tiempo. Describe el incidente y qué fue exactamente lo que te hicieron. Entonces, anota lo más importante: ¿QUE TE HIZO SENTIR ESTO?

2. ¿Ves algunas similitudes en los rasgos de personalidad o características entre las personas que te han lastimado?

3. ¿Cuáles son los factores que te han impedido ser capaz de perdonar y "dejar ir"?

4. ¿Qué necesitas ver o experimentar antes de ser capaz de soltar "dejar ir" el resentimiento?

5. ¿Cuál crees que ha sido el costo de continuar con tu dolor?

6. Ahora, haz una lista de las personas a las que tú les has hecho mal. Una vez más, ve hacia tu pasado lo más lejos que puedas y recuerda los incidentes que más te causan vergüenza.

7. ¿Ves alguna similitud en estos incidentes que has escrito... algunos de ellos relacionados con ciertos sentimientos que regularmente surgen en ti, como la ira, los celos, amargura, resentimiento, ira, tristeza, o miedo?

8. ¿Empiezas a ver las similitudes en estos factores que te provocan esos sentimientos?

   a. El poder ver patrones en nuestro comportamiento es una señal de que se está operando una convicción más profunda. Una vez que vemos los patrones, podemos identificar esa creencia. Una vez identificada, podemos hacernos unas sencillas preguntas: ¿"Quisiera seguir manteniendo estas convicciones? ¿Refleja esta convicción quién soy yo realmente? "

9. ¿Qué sientes al recordar a estas personas y estos incidentes?

10. Escribe la forma en que probablemente se sintió esa persona cuando tú la ofendiste.

Ahora puedes decir "Me perdono por haber herido a esa persona. Libero de pena y culpa.

8

Día 6: Evaluaciones
Midiendo Tu Progreso

"Todo cabe en un jarrito sabiéndolo acomodar"
...Abuela Lidia

Al principio de los años 70, cuando mis padres inmigraron a Estados Unidos, México experimentaba una caída en su economía y una severa devaluación de su moneda. Mi padre perdió todo lo que con tanto esfuerzo pudo construir; su pequeña tienda de abarrotes y su granja quedaron en la ruina dejándole destruido y asustado. Aún cuando de joven estuvo trabajando en el campo en este país, ahora, como esposo y padre de seis niños, sentía que había fracasado. Le avergonzaba que mi madre tuviera qué trabajar en una fábrica viendo esto como un fracaso personal. Pronto, mi padre empezó a tomar automedicarse y a alcoholizarse hasta llegar al olvido. Tomaba para escaparse y se escapaba todo el tiempo.

Ahora, comprendo que mi cambio a California hace 10 años fue un intento por entender y conectarme de alguna manera con la realidad que vivía mi padre acohólico evitando seguir sus pasos. Quizás mi cercana conexión con mi abuela se dio por mi deseo de sanar esa relación con mi padre. Quizás a través mío, mi abuela buscaba salvar y perdonar a mi papá, y quizás yo quería entender mejor a

[1] *"Todo cabe en un jarrito sabiéndolo acomodar". Hay un lugar propio para cada cosa. No necesitamos preocuparnos por lo que parece imposible, Paso a paso, las cosas caen en su lugar.*

mi padre estando más cerca de su mamá. En cualquier caso, sé ahora que estaba tratando de entenderme a mí mismo al querer entender a mi padre no comportándome de la misma manera.

Yo no conocía a nadie en California, pero el Golden State (Estado Dorado) me atraía en muchas formas. California, después de todo, representaba las tierras míticas ancestrales donde nacieron el abuelo de **Huichilopotzli** y otras deidades aztecas y toltecas. La parte norte de California es la tierra de Aztlán, el hogar ancestral que dio origen a la visión de **Tenochtitlan**. Cuando se descubrió el oro, California vino a convertirse en una tierra extranjera, pero los espíritus ancestrales nunca dejaron de susurrar su eterna visión. Mi padre y mi abuelo trabajaron muchos años en los campos agrícolas y en granjas en el norte de este Estado, enriqueciendo este suelo con su sudor.

Cuando era niño, mi padre constantemente nos repetía que quería que tuviéramos una educación para así no tener qué trabajar con nuestras manos de la manera en que él lo hizo.

"Sólo los animales tienen qué trabajar con sus espaldas. No sean como yo.
Aprende a trabajar con tu cabeza y no con tus manos".
Mi padre decía con frecuencia

Experimenté la California como un verdadero hijo de mi padre: contribuyendo con mi propio estilo para enriquecer esta tierra ancestral aprendiendo a trabajar con mi cabeza y no con mis manos, esperando en el proceso de lograr ganar su respeto.

Desde mi infancia, desde los días en que veía a mi abuela preparar sus remedios, mi vida ha estado siempre en movimiento. El ver a mi abuela trabajar y el escuchar sus historias, me preparaba a ser una persona que podia curar aún cuando no tuviera idea de cómo se preparaban estos remedios.

He sido entrenado para curar de acuerdo a dos diferentes tradiciones. Obtuve mi doctorado en la profesión de Psicología Clínica en una institución tradicional académica. De cualquier manera, también fui enseñado por mi abuela Lidia, quien, como ya he dicho anteriormente, era una *Curandera*. Siendo el mayor de los niños de la famlia, fui su primer nieto, su ahijado, y su estudiante más dispuesto.

Siempre supe que las enseñanzas de mi abuela preservaban una profunda verdad que continúa revelándose en cada aspecto de mi vida. Ha sido un gran reto, motivación y recompensa en mi vida el encontrar mi voz personal en ambos entrenamientos: en el del psicológico tradicional, y en el que recibí por medio de mi herencia ancestral.

Hace muchos años, al embarcarme en mi propio viaje, estaba abriendo mi mente y mi corazón permitiendo que el poder transformador de mis ancestros me guiaran fluyendo a través de mí. Como el nieto mayor de mi abuela, he sido escogido. Mi destino ha sido el encontrar la manera de honrar las enseñanzas encomendadas a mi abuela, y de respetar el intenso legado de amor que forjaría a nuestras futuras familias con orgullo y con la interna consciencia de que somos hijos del Creador.

"El hombre impone y dios dispone."
…Abuela Lidia

A través de mi vida, la influencia y las enseñanzas de mi abuela Lidia me traen la existencia de un Universo gobernado por invisibles fuerzas. Ella me enseñó que la realidad no es la manifestación material. No es el mundo que controlamos o manipulamos. El origen de la verdad y del poder descansa en el entendimiento de que la fuerza y el espíritu hacen que la material y la vida, se manifiesten. Hay leyes creativas y generadoras que tenemos a nuestra disposición. Estas leyes y principios divinos demandan respeto, profundo conocimiento y congruencia. Siempre operan de la misma manera para todo el mundo. Aquellos que creen en ellas y las siguen, serán recompensados con lo que se manifieste en su vida. Has sido escogido para embarcarte en un eterno viaje de autodescubrimiento. Has visto las señales que confirman que la transmutación no sólo es posible, sino que es tu propósito en la vida.

¿Qué es la transmutación? Es el proceso por el cual –a través del fuego y la purificación- un material de más baja calidad se transforma en algo mejor y más puro que el que le dio origen. Has entrado al sexto día del DESPERTAR.

DÍA 6

Tarea: EVALUACIONES-Midiendo tu Progreso

    1.   AFIRMACION

Tema: Celebrando la Gloria de tu Más Alto Ser

    La Luz se dispersa a través de la oscuridad. La amorosa mano de la Creación toca a mi puerta con un sonido persistente e inconfundible que no puedo ignorar. Sé que la más elevada práctica mental con la que me estoy comprometiendo a ejercitar, es la de saber escuchar esa fuerza que me hace merecedor de esta invitación. Veo las buenas manifestaciones enfrente de mí y doy gracias al ir reconociendo este despertar en mi persona. Constantemente busco identificar el progreso que he logrado y me recompenso por ello, sabiendo que este autoreconocimiento me traerá revelaciones más grandes. Sin una traza de miedo y con completa certeza y fe, dejo ir todo apego a mi pasado lleno de limitaciones. Sé que la luz que ha iluminado a los Santos, a los maestros y a los sabios en el pasado, es la misma luz que se quema dentro de mí hoy. Sé que hay una sola vida y una perfecta actividad. Esta vida y esta actividad están siempre operando desde donde se encuentren el amor y la compasión. Por ello, dejo ir mi pasado ligado a la pérdida, al dolor y a las penas. Remuevo todas las barreras y me encamino hacia mi experiencia del bien, sabiendo que el espíritu de la Creación nunca se extingue. Sé que este espíritu eterno es el mismo que vive dentro de mí. Cada día de mi vida DESPIERTO a una más alta revleación de amor y a la consciencia más profunda de mi verdadero ser.

2. **MEDITACION**

3. **UTILIZANDO EL DIARIO**

Al principio de este libro se te pidió escribir tu historia. Registraste marcas en la Escala Likert que te evaluaron en ciertas categorías. Bien, es tiempo de que evalúes tu actual situación de acuerdo a estas medidas.

Hoy, la historia de tu vida te pide una evaluación. Haz esto pasando a través de las mismas preguntas que se te hicieron en el primer capítulo, utilizando la misma escala como un mecanismo para medir tu situación actual. Contesta a las preguntas para responder a tu nueva situación. Ve a través de cada una de las preguntas ennumeradas y selecciona un número del uno al 10 que mejor describa tu evaluación actual. Las preguntas que empiezan con una letra tienen que ser contestadas en tu diario una vez más. Muchas de tus respuestas pueden parecer similares, pero vas a empezar a ver cambios en tus respuestas dado que tu consciencia ha empezado a emerger desde que iniciaste los ejercicios y la semana del despertar.

Parte 1: Prueba Posterior

1—2—3--4—5—6—7—8—9—10

Menos/Poco   Mucho/Más

Preguntas de Evaluación:

1. **¿Me importa mi mente?**
   - A. ¿En qué forma puedo cuidar más de mi mente?
2. **¿Me importa mi cuerpo?**
   - A. ¿En qué forma puedo cuidar más de mi cuerpo?
3. **¿Me importa mi espíritu?**
   - A. ¿De qué manera puedo cuidar más de mi espíritu y de mi sentimiento de autoestima?
4. **¿Estoy contento y feliz de mi vida como está en este momento?**
   - A. ¿Cuál sería un pequeño cambio que me encantaría hacer para cambiar mi vida permanentemente?
   - B. ¿Cuál sería la cosa más grande en mi vida que me gustaría cambiar?
   - C. ¿Cuáles son las 10 cosas, personas, lugares o experiencias que sé NO me gustaría que estuvieran en mi vida? En otras palabras, ¿cuales son los orígenes de la energía negativa en mi vida que me gustaría quitar o sacar de mi vida si fuera a encontrar mi felicidad?
5. **¿Estoy seguro de que estoy vivieno el único propósito en mi vida y mi máximo potencial?**
   - A. ¿Cuál creo que es mi verdadero propósito en la vida?

- B. Si no lo sé... ¿cuál pudiera ser? ¿Cuáles son las tres cosas que frecuentemente pienso me traerían el mayor gozo al hacerlas?
- C. ¿Qué es lo que me traería, al hacerlo, el mayor gozo en mi vida?
- D. ¿Tengo el suficiente coraje de empezar una nueva vida haciendo lo que me gustaría hacer?

6. **¿Sé lo que necesito hacer para poder hacer los cambios necesarios en mi vida?**
    - A. ¿Cuáles son las cosas que necesito tener, hacer o hablar para poder cambiar mi vida, AHORA?

7. **En lugar de estar sentado esperando a que se lleve a cabo un cambio ¿estoy haciendo lo que debo hacer para implementar los cambios que deseo tener?**
    - a. Si no, ¿por qué no?
    - b. ¿A qué le tengo más miedo?
    - c. ¿Tengo el coraje de pasar a través de mi miedo? ¿El querer una NUEVA vida y una NUEVA felicidad es lo suficientemente fuerte como para estar dispuesto a caminar a través de mis miedos, aún cuando me tiemblen las rodillas?

Parte 2:

Una vez que hayas completado la semana con tu diario, lo dejarás por unos pocos días para luego releerlo. Regresa a donde empezaste cuando contestaste las mismas preguntas. Compara las evaluaciones que te diste entonces y empieza con el número que te diste al final. ¿Qué cambió? ¿Qué tanto cambio experimentaste? ¿Hay algunas sorpresas? Escribe diariamente tus respuestas a estas preguntas. Aquí hay algunas preguntas más para que pienses, reflexiones y también escribas y contestes en tu diario.

1. ¿Cuáles son tus actuales (metas) evaluaciones?
2. ¿Qué tanto trabajo has completado en los seis días anteriores?
3. ¿Qué tanto has aplicado para ti mismo?
4. ¿Qué has descubierto de ti mismo?

Tus calificaciones son importantes al ir comparando tus actuales y nuevas evaluaciones con las que llevaste a cabo al principio, pero lo que realmente importa más, es cómo tú te calificas.

1. ¿Eres un evaluador exigente? ¿Un duro crítico?
2. ¿Te enfocas en lo que no lograste hacer o celebras y reconoces lo que te has demostrado a ti mismo que sí puedes hacer?

¿Cómo ves que tu progreso o tu falta de él dice mucho del nivel actual de tu DESPERTAR? Haz un inventario que sea generoso y sincero.

1. ¿Ves quién realmente eres? ¿O lo que estás empezando a ser?

2. ¿Puedes apreciar todo el trabajo que has hecho para poder estar donde estás?
3. ¿Qué sientes?
4. ¿Cómo tus sentimientos difieren ahora de lo que sentías anteriormente antes de que iniciaras este proceso?
5. ¿Has visto cómo has crecido?

Llegando a la Gran Vivencia... Finalmente

Ahora ves que el imprevisto DESPERTAR no solo es posible, sino ¡inevitable! Es tu divino destino. DESPERTAR a la luz de la nueva consciencia que te grita:

"Eres Eterno y Poderoso"

Tienes la habilidad de liberarte a ti mismo y de recrearte en la persona que siempre quisiste ser. Levántate de tu postura arrodillada. No te sacrifiques más. Es tiempo de que coseches la promesa. Es tiempo de recoger los frutos de la labor y de convertir el sudor de los campos, en la lluvia de oro. Hemos DESPERTADO de nuestro adormecimiento y estamos viendo que somos más que la sangre y la carne. Somos espíritus encarnados que tienen consciencia de su experiencia en la medida en que nos vamos desdoblando desde las profundidades del deseo y nos desesperamos por ser levantados y reconocidos en la unidad de la fuerza vital que contiene toda la bondad y el amor. ¿Estás despertando? ¿Está tu vida cambiando en dirección al deseo de tu alma? La mejor persona que puede juzgar si estás cambiando o no, es tú mismo. Sólo tú puedes oir tu propia voz. Sólo tú puede darte a tí mismo el permiso de ser lo que realmente quieres ser.

¿Estás finalmente listo para estar VIVO?

9

Día 7: Agradecimiento
Recompénsate y Celebra tus Logros

"Cántale a la vida si quieres que la vida te cante".
...Abuela Lidia

La vida que hemos construido es la suma de nuestras pasadas experiencias, pensamientos y acciones. Estas memorias, pensamientos y conductas son fugaces y fluidas, y más y más entendemos que nuestro ambiente físico responde a nuestra actividad mental. Si estás aferrado al dolor, al sufrimiento y a la desconfianza, estás manifestando una vida que se refuerza en tus creencias limitantes, pero estas limitantes pueden ser corregidas y alineadas a la verdad que habita en ti.

Si empiezas a analizar tu vida estarás dispuesto a identificar pensamientos y patrones de comportamiento no saludables. Podrás ver que estos pensamientos y conductas han limitado e impactado negativamente tu vida. Podrás crear un plan de acción que incorpore nuevos pensamientos y conductas y podrás ser testigo de los cambios que van tomando lugar a tu alrededor. Aprenderás una nueva forma de ser utilizando un ritmo que sea fácil para ti. Tu DESPERTAR es un compromiso de por vida, y entre más descubras acerca de ti mismo, más poderoso podrás ser.

Mucho más allá de lo que puedas imaginar, el mundo físico se doblega y se organiza para corresponder a tus pensamientos. Con el poder de tus pensamientos estarás dirigiendo los elementos más básicos de la creación. Estamos constantemente invitando a que las experiencias ingresen en nuestro mundo de percepción simplemente con el poder de nuestra palabra y nuestro pensamiento. Al principio fue el pensamiento, y el pensamiento se hizo palabra, y la palabra se manifestó. Estamos en una danza eterna de revelaciones, y amorosamente, nuestra vida se dirige a una más pura y grande expresión de nuestras verdaderas identidades como hijos e hijas de un Nuevo Sol. Si estamos abiertos a las lecciones que la vida nos presenta, crecemos y nos convertimos en seres más felices y poderosos. Somos los divinos herederos de la riqueza ilimitada. Hemos estirado la mano para pedir por lo que creemos es nuestra herencia divina. La respuesta a esta petición ha sido siempre: ¡SI! La mayoría de las veces, lo que hemos recibido, es más de lo que hemos pedido.

Nunca es tarde para reconstruir nuestras vidas. Si vamos por la vida medio dormidos y nada conscientes, podemos continuar haciendo los cambios necesarios en nuestros pensamientos y conductas para convertirnos en personas más conscientes y manifestando la vida que profundamente deseamos. Podemos empezar a reconocer que nuestros pensamientos y nuestras palabras son tan poderosos que pueden ser materializados frente a nuestros ojos. Si nutrimos un pensamiento y nos aferramos a esa vision, ésta eventualmente se convierte en una realidad. La Ley Universal de la Creación siempre nos comprueba eso. Los pensamientos que tuviste en el pasado se han convertido en la física y manifiesta realidad de tu mundo de hoy. Si te aferras a una limitante de dolor, miedo o sufrimiento, esta experiencia creará una especial perspectiva a través de la cual verás tu realidad. Un DESPERTAR te provee de un repentino "darte cuenta" de que tu forma real de pensar, no lo era en verdad. Quizás retuviste resentimientos en contra de tu madre por no darte el amor que necesitabas, hasta que un día descubriste que los padres de tu mamá solían —cuando ella era niña- golpearla y muy frecuentemente dejarla con un sentimiento de no ser querida. Esta nueva forma de ver las cosas hace que tengas ahora una diferente persepectiva de vida inevitablemente cambiante, no solamente con respecto a la relación con tu madre, sino contigo mismo. Ya has dejado el coraje atrás y ahora estas más DESPIERTO y abierto a nuevas cosas.

    Para que este DESPERTAR cree un cambio verdadero, tienes que integrarlo y hacer que sea parte de tu vida diaria. Algunas veces descubres que mucha información da vueltas en tu cabeza dejándote con miedos y abrumado. Asustado, puede ser que empieces a resistirte a lograr tu transformación, pensando en qué tanto debes retener de tu antiguo ser y qué tanto de tu despertar puedes integrar. Como humanos que somos, nos desarrollamos más rápidamente que nunca. El bombardeo de información y la constante estimulación externa hacen que el tiempo parezca moverse más rápidamente. De verdad, nuestros ancestros predijeron estos tiempos de transición. Ellos nos pidieron, a nosotros, sus descendientes, los Hijos del Quinto Sol, que no nos olvidáramos de nuestro verdadero origen.

"Nunca olvides de dónde vienes y quien eres.
Aunque muchas sean las tentaciones del deseo,
sólo te enriquece lo que refleja tu verdad."
...Abuela Lidia

Somos sobrevivientes de conquistas y guerras, de ladrones opresivos y gobiernos corruptos. Hemos resistido instituciones depredadoras y leyes injustas, y aún así hemos progresado y hemos emergido. Ahora estamos ante nuestra última evolución y nuestra final revolución. Cuando unimos nuestros pensamientos y nuestras acciones a nuestros principios y a las leyes de la fuerza unificadora de la Creación nos reconocemos a nosotros mismos como uno solo con este poder. En este reconocimiento vemos que no hay nada qué temer, nada que nos pueda limitar permanentemente. Somos seres sin límites y libres para siempre. Esta es la era del DESPERTAR. Es la hora de cambiar la identidad basada en el miedo y en la limitación que previamente adoptaste como tu personalidad y la albergaste como tu VERDADERO SER.

Manténte perceptivo y sin miedos. Algunas veces lo que descubrirás en el camino puede hacerte sentir pequeño y arrepentido, pero no te quedes por mucho tiempo con esos sentimientos de arrepentimiento y autocompasión. Hay mucho en qué trabajar. En vez de eso, y cuando entres a una zona de despertar más elevada, levanta tu cabeza en agradecimiento, y da gracias por haber dejado atrás la versión de lo que fuiste anteriormente. ¡Prepárate! Si empiezas a desear obtener una idea de ti mismo, la tendrás. Alístate para dejar el pasado y recibir a tu Nuevo SER. Cuando me estaba preparando para terminar este libro, estuve consciente de los drásticos y transformadores cambios que estaban sucediendo en mi propia vida. Entre más pensaba y escribía, más me encontraba con cambios drásticos. Había estado trabajando por varios meses en el borrador de este libro y vino ese precioso momento en la vida de un escritor cuando se ve el visible final. Al mirar el borrador me pregunté si podia comprobar que este plan podía realmente trabajar. Me di cuenta que de hecho yo había estado viviendo este programa casi toda mi vida desde el día en que me quedé "dormido".

Los cambios que estuve viendo en mi vida han sido tan poderosos, que ahora soy más feliz que nunca. He tenido el éxito que nunca imaginé y en formas muy inusuales. Felizmente ya no estoy miedosamente atado a las trampas del éxito o a la atracción de acumular cosas simplemente por poseerlas. He encontrado la libertad financiera, emocional y espiritual. Aún cuando la abundancia continúa fluyendo en mi vida, me encuentro más agradecido por los simples y sencillos placeres de la vida. El surgimiento a un nuevo sol me trae la oportunidad de celebrar la creación una vez más. Veo que las puertas del cielo se abren ante mí. Cada día trae nuevas aventuras y sorpresas; promesas y recompensas más grandes de las que nunca imaginé. Quizás la recompensa más grande es la de saber que el Origen de las cosas nunca perece. Entre más se me da, y entre más afortunado soy, más veo el hecho de que la generosidad siempre está dispuesta para nosotros.

Recompensándote a ti Mismo

Es muy importante que te recomenpenses a ti mismo cada vez que te encuentres incorporando nuevas conductas y patrones de pensamiento. Has llegado a un punto importante de tu vida. En esencia, has liberado el código secreto de tu personalidad y ahora puedas cambiar pensamientos y conductas que ya no te sirven. Este es un gran logro y mereces celebrarlo. Premiándote a ti mismo de alguna manera, aún si solo es para reconocer tu progreso y darte palmaditas en la espalda, es una parte importante en el proceso transformador que debes llevar a cabo. El agradecimiento te da mentalmente un sentido de dirección al proveerte de una imagen o un mapa de lo que quieres. La mente se queda en esta experiencia de placer y de éxito, y hace que quieras repetir la experiencia.

Ya has cumplido con los siete pasos de este proceso transformador.

1. Has aprendido a identificar un problema (Consciencia)
2. Has identificado el origen y naturaleza del problema (Identificación)
3. Has interrumpido los pensamientos y/o conductas limitantes que te mantenían en patrones repetitivos (Interrupción)
4. Has aprendido a incorporar nuevos pensamientos y conductas (Incorporación)
5. Has aprendido a liberar resentimientos y hostilidades (Liberación)
6. Has aprendido cómo conducir una autoevaluación y mantenido un registro de tu propio crecimiento (Evaluación)
7. Pero quizás lo más importante, has aprendido a mantenerte agradecido y aprendido a recompensarte a ti mismo por el buen trabajo que has hecho. (Recompensa)
8. Has aprendido exitosamente a adoptar una nueva conducta que reemplaza a la antigua. Alábate en voz alta y date el reconocimiento que mereces. Mírate practicando nuevas conductas. Nota la diferencia en tu cuerpo y en tus pensamientos. Reafirma tus nuevos pensamientos y tus nuevas convicciones. Dite a ti mismo cómo es que esta nueva adaptación es mucho más saludable en tu vida. Al recompensarte estás incrementando la habilidad de aprender más rápida y efectivamente. Estás instruyendo a tu mente a buscar nuevas experiencias e

incrementando la habilidad de integrar nuevos cambios con facilidad creciente.

¿Que utilizas para recompensarte a ti mismo?

Día Siete

Tarea: Recompénsate a ti Mismo-Celebra tus Logros

1. **AFIRMACION**

Tema: Reflexión y Paz Interna

Permanezco en la quietud y la paz que encuentro en el centro de mi alma. Me delito en el brillo y el calor de este abrazo. Me dispongo a sentir el sagrado silencio que me rodea. Siento un profundo sentimiento de paz y un innegable poder agitarse dentro de mí. Gustosamente me doy entero a esta amorosa presencia. Entrego todo lo que he sido, sabiendo que ningún error pasado, ninguna experiencia pasada puede dañarme o limitarme de ningún modo. Mi mente, corazón y espíritu están abiertos a recibir todas las bendiciones que son mías por derecho. Declaro que soy valioso y merecedor hijo de la Creación. Veo que las puertas de los tesoros eternos se abren delante de mí. Al dejar ir, de nuevo estoy conectado a todo lo que ha sido y lo que está por ser. Soy capaz de dirigir esta amorosa fuerza para crear la vida que está dispuesta para mí. Mi mente y mi corazón están purificados y todos los pensamientos de duda y limitación han sido removidos, revelando la esencia de mi verdadero ser. Me rindo y sacrifico mi antiguo "yo" que estaba lleno de dudas e incertidumbre, y despierto a la divina realidad que está dentro de mí. Mi verdadero ser va más allá de los límites del espacio y del tiempo y disfruto el reconocer mi divina y verdadera naturaleza eterna.

2. **MEDITACION**

3. **UTILIZANDO EL DIARIO**

Parte 1: Creando un Plan de Acción

Felicidades, has completado la Semana del Despertar. Durante este proceso has obtenido las habilidades necesarias para cambiar los pensamientos y los patrones de comportamiento no saludables por aquellos que son más congruentes a tu camino por seguir. Después de que completes la semana, escoge un día para revisar las notas y registros de tu diario.

Has cumplido con un buen trabajo. Has escrito tu vida y has identificado patrones de conductas y pensamientos repetitivos en tu vida. Has obtenido conocimiento de los miedos, de las cosas que quieres y las necesidades que han mantenido tus patrones activos. Ahora es hora de tomarte el tiempo para dar un vistazo a lo que registraste en tu diario. Lee cada cosa que escribiste cada día, como si fuera el libro de alguien más. Trata de mantener tus reacciones emocionales en buen estado. Es importante adoptar la actitud de un observador objetivo. En otras palabras, lee tu diario como un observador objetivo. De nuevo, vé si puedes identificar cualquier pensamiento o patrón negativo de conducta. Tómate un tiempo en escribir estos pensamientos y patrones de conducta para examinarlos más de cerca.

Trata de describirlos con el mayor detalle posible. ¿Cómo se iniciaron estas conductas? ¿Cómo fueron reforzadas? ¿Cómo fue que estos patrones se convirtieron en limitantes de tu propio crecimiento y subsecuente desarrollo?

Al ir leyendo tu descripción de los tres más importantes patrones de conducta, contesta las siguientes preguntas que identifican esos patrones:

1. De los patrones de conducta que has identificado, ¿algunos de ellos fueron una sorpresa para ti?
2. ¿Cuándo y cómo te diste cuenta de que estabas siendo limitado por este patrón de pensamientos y/o conducta?
3. ¿Qué fue lo que identificaste como el principal problema en este patron de pensamiento y/o conducta?
4. ¿Cómo planeas modificar esta típica manera de reaccionar a este partón que usabas en el pasado?
5. ¿Qué nueva conducta o pensamiento utilizarás para alterar esta usual manera de reaccionar en el pasado?
6. ¿Cómo le harás para liberar este antiguo patrón limitante?
7. ¿Qué medidas utilizarás para mostrar el cambio que has logrado?

8. ¿Cómo pretendes recompensarte a ti mismo por el progreso que has logrado?

Contesta las anteriores preguntas por cada patrón limitante que hayas identificado, y analiza tu respuesta. Tu respuesta a las preguntas anteriores representan tu plan de acción. Al responder estas preguntas y siguiendo los pasos de identificación, podrás alterar y arreglar los patrones de conducta y pensamiento que estaban limitando tu crecimiento. Cambiar de forma de pensar puede requerir una constante observación y atención, pero las recompensas serán evidentes en tu vida.

Algunos de nosotros tenemos problemas con recompensarnos. Tendemos a hacerlo para otros y nosotros nos dejamos hasta lo ultimo, o simplemente nunca procuramos satisfacer nuestras propias necesidades o deseos. Mientras cuidemos de los demás, estamos bien; o eso pensamos. Esta actitud envía un mensaje a tu mente diciéndote que no eres importante y tus necesidades no son importantes.

Tus necesidades pueden surgir en forma de pensamientos, pero si no satisfaces tus necesidades, éstas tienden a seguir como si fueran pensamientos, hasta que ya no puedas oirlas más. El resultado es que has construido un autoresentimiento. Por otra parte, al satisfacer tus necesidades y recompensar tus esfuerzos, no solo estás enfatizando que te das importancia, sino que estás dirigiendo tu mente a que debes continuar trabajando duro, porque tu trabajo duro es reconocido y recompensado por la persona que más importa: **TÚ**. Esta autorecompensa, por consiguiente, tiene el efecto de desarrollar en el futuro, conductas deseadas y bien encaminadas.

- ¿Qué otra cosa podrías aprender al leer en tu diario?
- ¿Qué sentimientos experimentas al revisar estos patrones?

Ahora, selecciona los tres primero patrones de pensamiento y/o conductas más problemáticas o que ejercen mayor presión en ti. Escríbelas por separado en una hoja de papel. ¿Ves algún tema evidente en esto? Estos tres primeros patrones que has identificado significan las áreas en tu vida en las que necesitas enfocar tus esfuerzos para lograr un cambio y una liberación.

1. ¿Qué acciones te comprometes a implementar?
2. ¿Qué tanto tiempo te darás para evaluar tu progreso?
3. ¿Cuáles son las medidas o el marcador que utilizarás para determinar tu progreso?
4. ¿Qué recompensa te darás a ti mismo?
5. Cuando te sientas atrapado, ¿Cómo te mantendrás en tu esfuerzo y cómo reducirás el discurso negativo que puede sabotear tu progreso?

Estableciendo Metas y Objetivos

Crearás ahora un Plan de Acción para dirigir estos patrones. Empieza por establecer claramente tu meta en la parte superior de la hoja. Tu meta puede ser simple y clara, y fácilmente medible. Si por ejemplo, escoges el querer perder peso o sentirte mejor, debes establecer lo siguiente como meta: "Perderé 10 libras en dos meses". Esto es una meta simple y fácil de hacer; establecida en una forma clara y medible. Ahora, abajo de tu meta, escribe tres objetivos. Tu meta declara lo que quieres lograr. Los objetivos entonces, delinean los pasos necesarios para el logro de esa meta. Para tu meta de perder peso, un objetivo pudiera ser que durante los próximos dos meses, reducirás las calorías que consumes y eliminarás comidas con alto contenido de grasa. Un segundo objetivo pudiera ser que hicieras ejercicios al menos tres veces por semana, no menos de 30 minutos al día.

Haz lo mismo para otras metas que quieras establecer, subrayando los objetivos medibles y revisando periódicamente tu progreso. Si tienes qué hacerlo, modifica tus metas y objetivos hacia algo preciso que refleje tu progreso.

Parte 2: Recompensándote a ti Mismo

1. ¿Cuáles son las cosas que puedes hacer para mostrar que realmente te estás recompensando?
2. ¿Qué sientes acerca del trabajo que has completado durante la Semana del Despertar?

3. ¿Qué has aprendido de ti mismo?
4. ¿Qué compromisos te haces a ti mismo para continuar tu proceso de despertar?
5. ¿Cómo intentas compartir con el mundo tu despertar y tu realización?
6. ¿Qué estás eliminando de tu vida?
7. ¿Cuál es la maxima realización que has logrado durante este proceso?

10

El Despertar sin Límites
Tu Despertar Representa el Ascenso al Quinto Sol

"Dios está en la tierra, en el cielo y en todo lugar, pero más le gusta estar dentro de ti."

...Abuela Lidia

La vida humana ha evolucionado durante miles de años. De acuerdo con nuestros antepasados, la evolución de la vida es también la evolución del **conocimiento humano o "conciencia"**. Nuestros antepasados aprendieron a registrar los últimos veinticinco mil años de la existencia humana. Organizaron la historia de la evolución humana en cinco períodos diferentes o "mundos". Cada mundo, gobernado por sus soles respectivos, entraban y salían de la existencia. Estas son las cinco etapas de la evolución humana y la evolución de la conciencia. En el "mundo" final de la iluminación, se observa que el Ego desaparece y nos unimos a la Creación en un todo, reconociendo que todas las barreras y limitaciones quedan eliminadas para siempre. Somos la mente de Dios **consciente** de él/ella mismo.

Se dice que vivimos en el quinto y último período gobernado por el Quinto Sol. Esta es la evolución final y definitiva. Este es el momento en que la humanidad debe estar abierta a la evolución de la conciencia y de la vigilia. La **ciencia** y la espiritualidad se unen en un reconocimiento de que nosotros, como humanos, somos co creadores de nuestra realidad. Tenemos el poder para orquestar y dirigir las fuerzas universales y estas fuerzas deben responder a nuestros comandos. Con tal poder a nuestra disposición ¿cómo no vamos a elegir liberarnos del miedo, la incertidumbre y limitación? Cuando aprendas a confiar en tu despertar interior, serás iluminado por una **mayor conciencia**. Un nuevo sol se elevará dentro de ti y verás que tienes el poder de llevar el pensamiento, a la existencia.

He llegado a apreciar cada una de las decisiones y el esfuerzo que han sido necesarios para traerme a este momento en la vida. Nada ha sido en vano. Mi sufrimiento y mis miedos me impulsaron a seguir adelante y seguir alcanzando mayores logros. Por años me he esforzado en comprender las razones de porqué pasaron algunas cosas y porqué me resistía a aceptar lo que simplemente no podía cambiar.

He puesto a prueba el amor, y puesto a prueba a mi Creador. Cada vez me he entregado y me he hecho más fuerte. Ya no necesito poner a prueba nada. ¡Lo sé! Más allá de cualquier sombra de duda, yo sé que soy fuerte ¡un sobreviviente que es una bendición y una presencia sanadora para los que me rodean!

Frecuentemente pienso mucho en mí, y menos en los demás. Me he sentido necesitado y he tenido también miedo de ser abandonado. He crecido orgulloso y arrogante, y he permitido que mi inferioridad me lleve a callejones sin salida que han herido mi cuerpo y han puesto a prueba mi voluntad de sobrevivir, pero todo lo aguanté. A lo largo de mi experiencia he aprendido que la vida no tiene que ser vivida como un constante lastimarse.

Me atrevo a dejar a un lado todo lo que me ha mantenido bocabajo y en la oscuridad. Me levanto a mi verdadero potencial desatando los patrones repetitivos que sólo sirven para mantenerme oprimido. Hoy en día estoy enfocado en generar un mayor bien para mí y para aquellos que amo. Estoy muy contento de formar familia y comunidad donde quiera que vaya. Soy una fuente de sanación y apoyo a todos los que me encuentro y estoy a su vez, renovado y enriquecido por mis amistades. Mi vida es verdaderamente ilimitada y así es también la tuya.

Hemos entrado en la era de la co creación. Esta es la era de autodescubrimiento que fue previsto miles de años atrás por nuestros antepasados. Nos estamos dando cuenta de que estamos siempre creando nuestra propia realidad y que somos capaces de alterarla para corresponder a la constante evolución y expansión de la conciencia. Soltamos las ataduras que hemos tenido en nuestra identidad anterior.

Este libro ha sido escrito con el fin de darte las herramientas básicas, necesarias, para liberar y remover todas las barreras que bloquean tu potencial. Al aprender a romper los patrones limitantes de pensamiento y comportamiento, has tomado ya el control de tu vida y has aprendido a moverte en la dirección de la fuerza creativa que te rodea. Al liberarte de lo que te ataba a tu pasado de sufrimiento y limitación, has aprendido a reconstruir tu vida a modo de que se adapte a tu único propósito en la vida.

Ahora que has completado este programa de siete días, te sugiero que tomes un descanso y trates de prestar atención a tu nuevo entorno. Ve el mundo con ojos nuevos y aprende a percibir con tus sentidos nuevos. Te animo a que, periódicamente, tomes el libro de nuevo y repitas el programa de siete días cuando sientas, en el futuro, la necesidad de volver a comprometerte a seguirlo.

Bienvenido a tu DESPERTAR. Tu transformación ha estado en espera. Eres el ingrediente esencial que se requiere para la transformación del planeta.

Apéndice

Afirmaciones de la Promesa del Quinto Sol (Compuestas y compiladas por Da'Mon Vann).

Siéntete libre de incorporar estas afirmaciones a las meditaciones matutinas y nocturnas
o llévalas contigo durante el día como un recordatorio y "mantra",
y úsalas cuando sientas
que tus pensamientos caigan en patrones negativos.

1. Elijo creer que soy un activo participante en la creación de la vida que vivo.

2. Mis pensamientos se reproducen y se manifiestan en el cuerpo en forma de energía y conducta.

3. Mi mente es tierra fértil. Mantengo en guardia mis pensamientos. Las semillas que siembro, serán los frutos que coseche.

4. Estoy constantemente vigilante y en forma presente en lo que elijo cada segundo de mi vida.

5. Mi mente tiene una ilimitada energía creativa y tiene el poder constructivo de acuerdo a mi devoción y voluntad. Guío y dirijo conscientemente este poder a construir mi mundo, mis relaciones y mi realidad.

6. Sobre todo, aprendo a ser gentil conmigo mismo y me premio al identificar patrones de pensamiento que en el pasado me hicieron daño. Libero, dejo ir y abrazo mi más alto sentido de conciencia.

7. Aprendo a dejar ir el odio y libero a todos aquellos a los que he hecho responsable de mi odio. Escribo una mejor historia de mi pasado y me vuelvo más activo en la creación de una realidad mejor.

8. Merezco todo lo bueno de la vida.

9. Mis pensamientos tienen el poder de manifestar un mundo mejor.

10. Enfrento mi pasado con coraje y gratitud. No importa que tan problemático pudo haber sido mi pasado, escojo seguir adelante con gracia rumbo a un mejor día. Permito que la paz y la alegría entren a mi vida presente.

11. Mi existencia es esencial. El universe espera mi contribución... (para continuar la saga de nuestra evolución humana).

12. Sé que no hay obstáculo que pueda obstruir mi heredado destino divino. Sé que soy capaz de la grandeza.

13. Me atrevo a imaginar que todo es posible en mi vida. El mundo es limitado si es que así lo percibo. Expando la capacidad de mi mente de pensar más allá de lo que creo es posible.

14. Mantengo mis deseos como una constante en mi vida y sin la preocupación de si pueden convertirse en realidad. Me mantengo vigilando mis pensamientos y las apariencias de lo contrario.

15. Soy el legado de un pasado y el creador de mi futuro. Fui proyectado para ser libre, vivir en alegría y prosperidad.

16. En el centro de mi ser, estoy tan completo hoy, como lo fui el día en que nací. Tengo todo lo que necesito para vivir más allá del miedo y la limitación.

17. Mis pensamientos son energía creativa. El origen y el potencial de mis pensamientos son ilimitados y pueden ser dirigidos. Aprendí a poner un alto al pensamiento negativo automático.

18. El poder de mis pensamientos manifiesta todo lo que es esencial y material en mi mundo.

19. Como todas las cosas empiezan con el poder del pensamiento, sé que no hay tal cosa como enemigos externos, al menos que yo mismo los conciba.

20. Me muevo con el ritmo de la vida. Mantengo una mentalidad flexible para seguir creciendo. Escojo hacer la vida tan prosper, como me atreva a imaginarlo. Deseo ser feliz y libre.

21. Escucho y honro la sabiduría interna de mi mente. Al hacerlo, descubro la sanación, el origen ancestral de toda bondad y verdad; mi verdadera naturaleza.

22. Tranquilizo mi mente en momentos de incertidumbre y escucho la voz de la verdad, la que revela que ¡todo está bien en donde quiera que yo esté!

23. Aprecio la perfección y la simplicidad de cada momento tal como es. Veo más allá de la confusion provocada por mi realidad individual.

Acerca del Autor
Psicólogo Clínico, y Curandero
El Dr. Jorge Partida nació en Guadalajara, Jalisco, México e inmigro a Chicago a los nueve anos de edad. Su trabajo clínico

El Dr. Jorge es un asesor nacional e internacional quien provee servicios para la educación, el gobierno, el empleo y comunidades religiosas interesadas en trabajar con comunidades pobres e inmigrantes. El Dr. Jorge Partida es el Director Ejecutivo del United States Green Building Council-Los Angeles (USGBC-LA) Esta es la organización se dedica a la construcción sustentable y verde de edificios, comunidades, escuelas y proyectos de vivienda y empleos verdes.

Por mas de veinte años el Dr. Jorge ha sido un presentado en radio y televisión por Univision, Telemundo, HITN y en Ingles en CBS, UPN, NBC y PBS. También presenta talleres de sanación los cuales integran rituales de tradiciones indígenas curanderas con la psicología tradicional. El Dr. Partida es un experto en la integración de cultura, espiritualidad y sanación.

Como inmigrante, el Dr. Partida cree que la sanación a cualquier enfermedad emocional o psicológica se puede lograr aplicando enseñanzas y tradiciones de nuestros ancestros a la ves que se respeta la ciencia moderna. En su actual posición, el Dr. Partida se enfoca a implementar la revolución verde, asegurando que edificios construidos no tengan impacto negativo a la tierra, que utilicen su propia energía y que sanen a sus habitantes. Con esta tecnología se construirán nuevas escuelas, viviendas y comunidades enteras en Los Estados Unidos y todo el mundo. Los empleaos verdes también contribuirían al próximo movimiento de construcción y empleos.

Para mas información visite, www.drjorge.net
O tambien www.USGBC-LA.org
Encuentre a Jorge Partida en Facebook

www.ingramcontent.com/pod-product-compliance
Lightning Source LLC
LaVergne TN
LVHW041615070426
835507LV00008B/249